「よい説明」には型がある。

犬塚壮志

nbb
日経ビジネス人文庫

はじめに◎誰でも「説明上手」になれる11のテクニック

「仲が悪いわけでもないのに、なぜかいつも話が噛み合わない仕事仲間」

「リニューアルした新商品をものすごく丁寧に紹介したのに、『で、前と何が違うの？』と聞き返してくるお客さま」

「大好きなドラゴンズの○○選手について語ったのに、魅力をわかってくれない友人」

「感謝の気持ちをうまく表現できず、すれ違ってしまう家族」

「インド旅行の素晴らしい体験を共有したのに、上の空で聞いているパートナー」

……思い当たる方も多いでしょう。そもそもなぜこんな状況に陥るのか。

それは、**「あなたの話に聴き手が興味を持ってくれていない」**から。

背景にあるのは、少しカタい言葉でいえば「コミュニケーションの分断と断絶」です。

たとえば、ある対象を熱狂的に応援する「推しの世界」内では通じている話が、その世界を出たとたん、まるで理解されないことがよくあります。「分断」です。

「断絶」でいえば、異なる世代間で理解し合うことのハードルが以前と比べて高くなっています。音楽や映画などの趣味嗜好だけでなく、ビジネスシーンでも、各々が育ってきた文化や環境が大きく異なるため、**考え方や知識のギャップが激しくなっている**のです。

さらに、同世代であっても、多くの職業で専門性が高まり、ブラックボックス化しやすい業務が数多く生まれています。隣の席の同僚が今どんな仕事をしているかよくわからないという人も多いはずです。働き方・生き方の多様化がこれに拍車をかけました。

こうしたギャップのために、**お互いに話が「わからない」「つまらない」「興味がない」状況**が生まれています。

さらに、最近では画像や動画による情報伝達が当たり前となり、デジタル情報の背後にある重要なポイントを言葉にして伝える説明スキルが向上しなくなりました。

今、こうした時代だからこそ、**「言葉による説明」が何より重要**になります。

〝日本一〟の講師時代、2万人の指導、大学院での研究から編み出した「型」

ここで、少し私自身の話をさせてください。

今でこそ「説明」に関する本を何冊も書き、〝専門家〟と呼んでいただいていますが、そもそも**私は、他人に何かを説明するということに対して苦手意識**がありました。

ただ、そんな私も、教育への情熱や、〝化学〟という教科に対する思い入れが人一倍強く、大学院を卒業すると、すぐに駿台予備学校という大学受験専門の予備校に就職。〝説明〟を本業とする講師として登壇することになったのです。

説明が苦手な私にとって、**そこからが悲劇の連続**でした。

一方、まわりの予備校講師陣は、びっくりするほど話術に長《た》けていました。

説明が本当にわかりやすく、しかもおもしろい。

どんな秘訣があるのだろうと、人気講師たちの授業を何度も見学させてもらったところ、**パターン化できる「型」のようなものが潜んでいる**ことに気づいたのです。

実際に、講義内容を1つの「型」にはめて話してみると、生徒の反応が激変。〝受験化学〟という地味なネタにもかかわらず、熱心に聴いてくれるようになりました。

その後、さまざまな「型」を見出し、使えるようになった結果、担当する季節講習会では満員御礼が続出。季節講習会での化学の受講者数は、なんと日本一になったのです。

その後、独立した私は、〝説明のプロ〟として、企業向け研修などを通して**2万人を超える経営者やビジネスパーソンの話し方のトレーニング**を行ってきました。その事例

1000人分以上を分析、さらに**大学院での言語化の研究**という知見も踏まえ、今の時代に必要な説明の「型」を完成させたのです。それが本書で紹介する「11の型」です。

✓「よい説明」は仕事でもプライベートでも強い味方になる

話を戻しましょう。「言葉による説明」とは、分断された世界に「橋」を架ける力。

つまり、**お互いを理解し合うためのコミュニケーション技術**です。

では、具体的にどのような説明スキルか。

それは、まったく知らない、あるいは、興味・関心がないことでも、相手がそれを聴きたくなる説明です。

> 聴き手の感情を刺激し、聴きたくなるようにワクワクさせる説明。

これが本書で定義する「よい説明」となります。

本書では、この「よい説明」の技術を「11の型」という形でお伝えしていきます。

これを学び、実践していただくことで次のようなメリットがあります。

・伝えたい内容を、聴き手が最短の時間で正確に理解できる
・スピーチや自己紹介で「できそうな人だ」「この人と仕事がしたい」と思ってもらえる
・プレゼンや会議で自分の提案が通り、やりたいことが実現できるようになる
・初対面の人に「またこの人の話を聴いてみたい！」と思ってもらえる

また、「型」を用いることで、次の3つが可能となります。

①話を素早く組み立てられる
②説明の成功確率が上がる
③自分独自の型をつくりやすくなる

①については、説明したい内容（ネタ）を型に流し込むだけで、すぐに話を組み立てることが可能です。②については、年間1500時間の講義で失敗を繰り返し、そこからうまくいったものを絞り込みビジネスシーンで応用できる汎用的な型にしたので、高

い確率で成功するはずです。③については、型を使いながら、それを自然にアレンジすることで、徐々にあなた独自の型をつくることができます。武道の型と同じです。

本書は、2019年8月に刊行した『感動する説明「すぐできる」型』（PHP研究所）に70ページ超の大幅加筆、再編集をした1冊です。前述した企業向け研修の参加者の皆さんからのフィードバック、大学院での研究の知見も加味して今の時代にぴったりの内容に仕上げました。第1章では「よい説明」ができない原因、第2章では「よい説明」の大原則に言及、第3章〜13章が実際の「型」の紹介、巻末には「即効フレーズ」をひと目でわかる形でまとめています。

聴き手をワクワクさせる「説明上手」となることで、あなたの人生の舞台がさらに広がるお手伝いができたら、筆者として望外の喜びです。

2024年1月

犬塚壮志

「よい説明」には型がある。 目次

第1章 なぜ「よい説明」ができないのか

第2章

「よい説明」は「聴き手を知る」ことから始まる

第3章

第1の型 メリット訴求

聴き手を前のめりにさせる特効薬

第4章

第2の型 対比

理解度の大幅アップ

第5章

第3の型 因果 腹落ちさせて納得感アップ

第6章

第4の型 カットダウン 聴き手の負担軽減

第7章

第5の型 破壊

説明による「理解のショック療法」

第10章

第8の型 伏線回収 聴きたくなる罠を仕掛ける

第11章

第9の型 決断誘導

聴き手の決断をコントロール

第12章

第10の型 自己主張

論破せずに「自分」を通す

第13章

第11の型 欠如アピール

「埋まらないもどかしさ」の解消

巻末資料

よい説明「11の型」即効フレーズ集

校正――内田翔

第1章

なぜ「よい説明」ができないのか

「説明」に苦手意識がある人の大きな勘違い

「もったいない……」

ある著名な経営者の講演会を聴いたあとに思ったことです。

その方の話は、聴いている間は眠くなってしまって、何も頭に入ってきませんでした。ところが、投影されていたスライド資料を見返してみると、内容そのものはとてもおもしろかったのです。だからこそ「もったいない……」とつい声がもれてしまったのです。

現在、私は、教育コンテンツ・プロデューサーという肩書きで、セミナーや研修の開発、さらには**経営者やビジネスパーソンの話し方のトレーニング**を行っています。

仕事の中で、クライアントに実際に話をしてもらうと、話の中身にあたる**素材（ネタ）は濃密なのに、その話の内容がまったく頭に入ってこない**ことがあります。

伝わってこないのです。**「つまらない」**と感じてしまうのです。

そんなとき、私は、冒頭で述べたように、

「本当はもっと価値がある話なのに。話がつまらない、説明がよくないせいで伝わらないのは、すごくもったいない……」

そう思ってしまうのです。

どんなに一生懸命に話しても、話の内容が聴き手の頭に入っていかなかったら、そこでおしまいです。聴き手によっては「時間を無駄にした」と感じて、話し手やネタにマイナスイメージを持つ要因になりかねません。**大きなチャンスを失う**こともあるでしょう。

相手に「話がつまらない」「説明がよくない」と思わせてしまう原因は、どこにあるのでしょうか。

実は、**人前で話をすることに苦手意識を持っている方にありがちな勘違い**があります。

「話がつまらない」「説明がよくない」のは、話し方やジェスチャー、話す内容の素材（ネタ）そのものに問題がある、と思い込みがちということです。

「私はもともと話し下手だから」

「話すときの身振り手振りがうまくないから」
「そもそも、話のネタがつまらなくて」
そう思っている方がとても多いのです。

ただ、1000人以上の「説明」を分析した私からすると、そこが本当に問題であることはわずかです。

本人がつたないと感じる「話し方」も、その人らしさがにじみ出るよい部分です。話している内容そのものも、役に立ちそうだったり学びになりそうなことも多い。むしろ、ユーチューバーに無理に寄せたりすることで、その人の個性が失われてしまい、よくないこともあります。パフォーマンスばかりに意識が集中して、かえってうまく話せなくなってしまうのです。

自分の話が聴き手の心に響くかどうかは、話し方のパフォーマンス的なスキルの高さとは無関係です。私のこれまでの経験からも断言できます。

聴き手の頭に自分の話が入っていかない原因は、表面的な話し方のスキル不足ではありません。

1000人を分析してわかった「話がつまらない」原因

では、聴き手に「つまらない」と感じさせてしまうのはどうしてなのでしょうか。

ここからは、1000人以上の説明を分析してわかった、話がつまらないと感じてしまう原因とそのパターンについてお伝えしましょう。

「話がつまらない」原因を探るには、話の素材（ネタ）を聴き手の知識や関心の度合いによって、4つのゾーンに分けて考えることが重要です。

●聴き手の知識・関心の4つのゾーン

[知らないゾーン] 聴き手にとって未知のネタ
[関心ゾーン] 聴き手が気になったり興味があったりするネタ
[関係ゾーン] 聴き手と関係しているネタ
[自分ゾーン] 聴き手自身がすでにわかりきっているネタ

さらに、つまらない話は4つのパターンに分類して考えていきます。

●聴き手がつまらないと感じる4つのパターン

【パターン1】話の内容がまったくわからない（聴き手の反応「は？」）

【パターン2】その話は自分には関係ない（聴き手の反応「別にいいかな」）

【パターン3】自分に関係する内容だけれど、今は不要・自分には無理そう（聴き手の反応「そうはいっても……」）

【パターン4】すでに知っていること・できていることで、もう当たり前（聴き手の反応「そりゃそうだ」）

この4つのパターンを4つのゾーンにあてはめると図1-1のようになります。

聴き手が認知できない「知らないゾーン」にあるネタが、誰かの話を聴いたのにそれでも「知らないゾーン」にとどまってしまうと、「は？　話の内容がまったくわからない」となり、「つまらない」となります（パターン1）。

[図1―1]

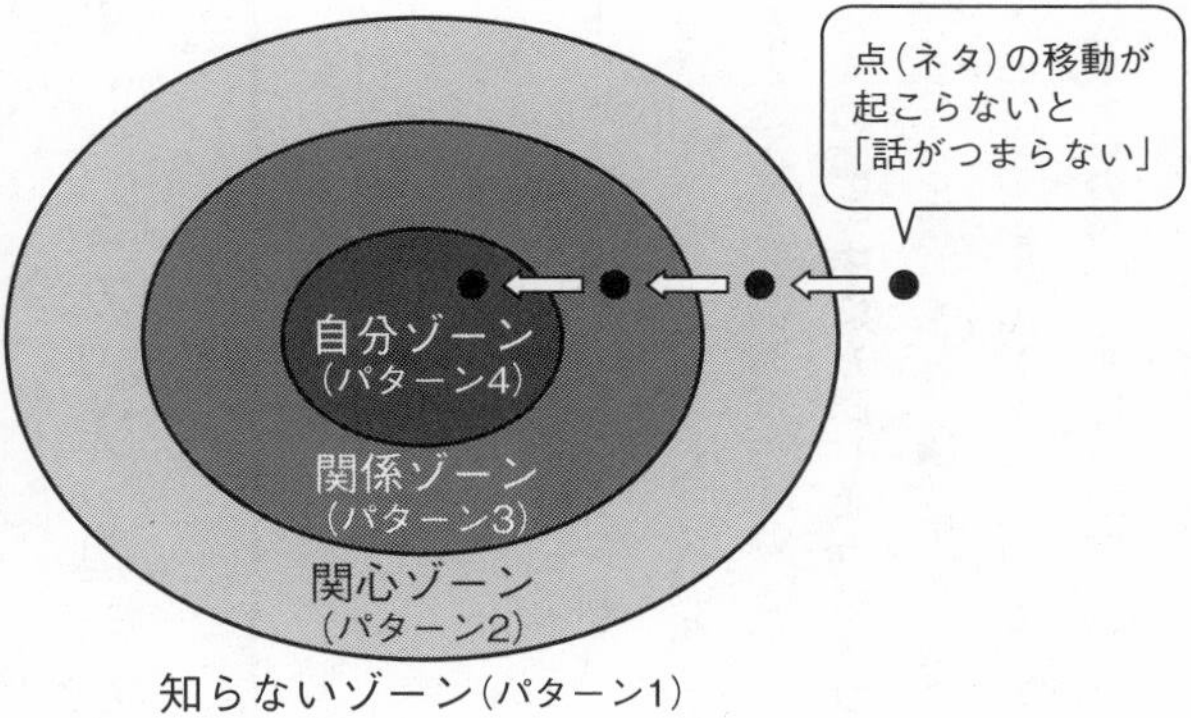

同様に、聴き手と結びつきのある「関係ゾーン」にあるネタが、誰かの話を聴いたのに、「関係ゾーン」にとどまってしまうと、「そうはいってもね……。自分にはできない」と感じ、「つまらない」と感じます(パターン3)。

勘のいい人はもうお気づきでしょう。

4つの各ゾーンのいずれかに存在する点(ネタ)が、存在するそのゾーンよりも内側に移動しないときに、話がつまらなくなるのです。

4つのゾーンの間で**ネタの「中心に向かう点の移動が起こらない」ことが話がつまらなくなる原因**なのです。

イメージはズバリ『進撃の巨人』

『進撃の巨人』（諫山創著）という漫画をご存じの方も多いでしょう。２０２３年12月現在でコミックの累計発行部数が1億４０００万部を突破している大ヒット作です。

内容をかんたんに紹介すると、突如出現した巨人により、人類が滅亡の危機に陥るというストーリーです。生き残った人類は「ウォール・マリア」「ウォール・ローゼ」「ウォール・シーナ」という三重の巨大な城壁の内側に生活圏を確保し、どうにか生存しているといったところから物語が始まります。

私は、**人の頭の中にも同じような3つの壁がある**と考えています。点の移動を阻み、「つまらなさ」を感じさせる障壁です。

これをビジュアル化すると、図1‐2のようになります。外側からそれぞれ**「未知の壁」「自分ごとの壁」「習得の壁」**と呼びます。

この壁を突破して、点を内側に移動させないことには、どんなに身振り手振りのパ

［図1－2］

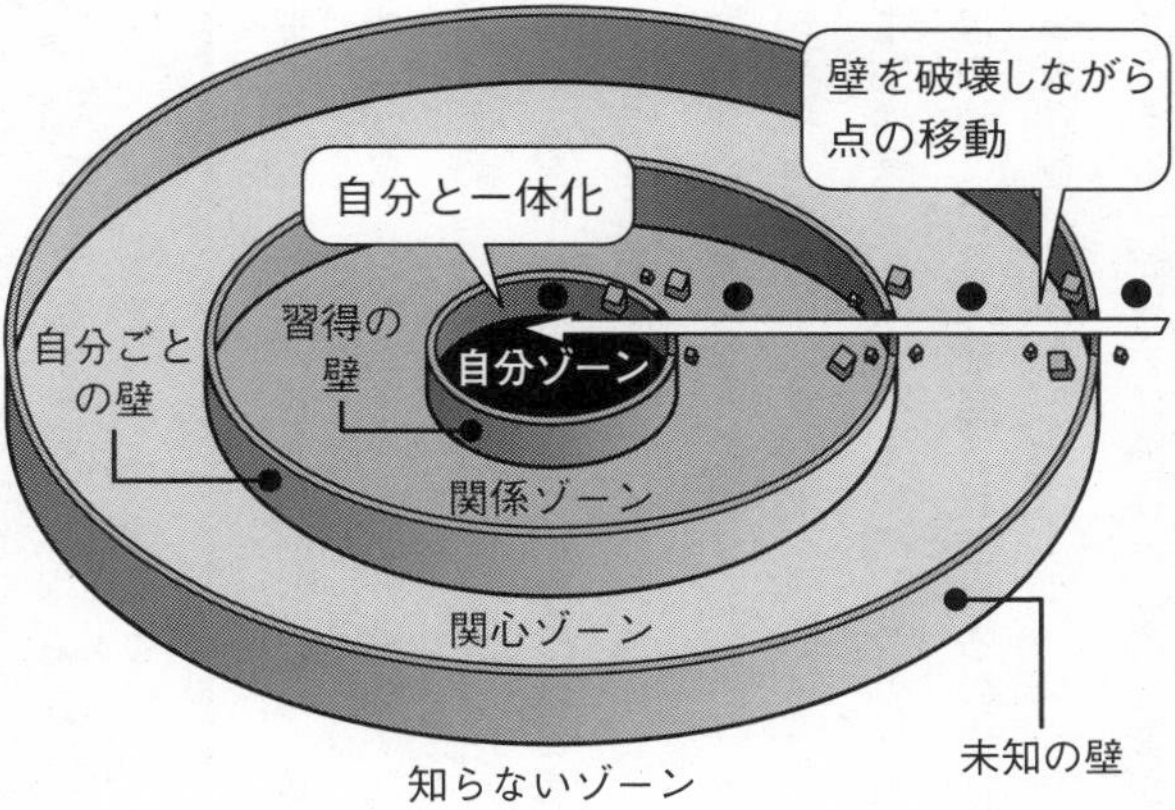

フォーマンスを学んだり、話の厚みを増そうとたくさんの情報を盛り込んだりしても、聴き手に「おもしろい！」と思ってもらえることはありません。

言葉を換えれば、「未知の壁」「自分ごとの壁」「習得の壁」という3つの壁を壊しながら点（ネタ）が「自分ゾーン」へと深化（自分と一体化）していくことで、聴き手の「つまらなさ」が解消され、そのネタを「おもしろい！」と思うようになるのです。

それでは、先ほどの話がつまらなくなる4つのパターンと、そこに立ちはだかる3つの壁について、1つずつ説明していきましょう。

「知ってもらえない」が最悪――「未知の壁」

まず、つまらない話のパターン1「話の内容がまったくわからない」です。これは話の内容がまったくわからない、あるいは頭に入ってこないような場合です。つまり、聴き手が知ることができない状態です。

しかし、情報過多の現代、実は**ほとんどのネタが、この「未知の壁」に阻まれています**。あまりに多くの情報にさらされると、人は情報を認知すらもできないままにスルーしてしまうからです。

「未知の壁」に阻まれるのは、あふれる情報にまみれるような状況だけとは限りません。**目の前にいる人が話をしているのに、その内容がまったく理解できない**という経験を持つ人も多いでしょう。

たとえば、聴き手に前提となる知識がないのに、学者や専門家が難しい言葉で説明する場合にそういった状況が起こります。あるいは芸術家によるアート作品の解説、さらには哲学者が語る異次元の話だったりする場合もあるでしょう。

話を聴いても、「ぜんぜん意味がわからない」「まったく興味がわかない」となる感じです。特に、**話し手と聴き手の知識や理解度のギャップが大きい**ときに起こりやすいケースですね。

聴き手に「おもしろい！」と思ってもらうための、**最初にして最大の関門**が、この「未知の壁」を突破することなのです。

ここで考えるべきことは、いかに聴き手に興味・関心を持ってもらうかということにほかなりません。話すネタを聴き手の「関心ゾーン」に持っていけるようになることが「未知の壁」を破るための課題なのです。

聴き手に「おっ！」「ほう」などと思わせることができたら成功です。

たとえば、多くの人工知能の技術で使われている「機械学習」というものに興味・関心を持ってもらいたいとき、単に、「機械学習とは、人工知能に使われている技術の1つで、……」と説明を始めるよりも、

「現代の人工知能の核となる技術。実は私たち人間の脳の神経回路を模しているということをご存じですか？　その技術が機械学習です。機械学習は、……」

と説明をしていくほうが聴き手に興味・関心を持ってもらいやすくなります。「機械学習」をまったく知らない人でも、「人間の脳」は知っている。でも、脳が学習するメカニズムまでは詳しく知らないことが多いからです。

そのような聴き手に対して、自分自身の脳と人工知能を結ぶようなフレーズで「機械学習」を説明することは、相手の興味・関心を引く上でとても効果的です。

「関係ない」はすぐ忘れられる――「自分ごとの壁」

続いて、つまらない話のパターン2「その話は自分には関係ない」です。

このパターンは、ネタに多少の関心はあるけれど、「まあでも、自分には関係ないかな」と聴き手に思われてしまうケースです。ここには**「自分ごとの壁」**が立ちはだかっています。

極論すれば、**人がもっとも興味があるのは、「自分に直接関わること」**です。つまり、関心はあるけれど「自分には関係ないこと」だと判断されたら、ネタはすぐに忘れ去られてしまうのです。

たとえば、会社勤めのビジネスパーソンが起業の話を見聞きしても、「起業に興味はあるが、自分は当分、会社を辞めるつもりはないな」と考えるパターンです。多少の関心は引けても、結果的に自分には関係ないと思われてしまうわけです。

「自分ごとの壁」を突破するためには、聴き手に**「自分とどう関係しているのか」**をイ

メージさせられるかどうかがカギとなります。先の例では、

「起業は起業でも、会社に残りながら起業する〝新規事業の立ち上げ〟という考え方もあります」

などと、聴き手に大いに関係している話だとアピールすることが「自分ごとの壁」を破るための秘訣です。

余談ですが、この「知らないゾーン」から「関心ゾーン」、「関係ゾーン」にまでもっていくプロフェッショナル集団といえば、広告代理店の方々でしょう。

彼らは、あらゆる手法で新商品のプロモーションを行い、その新商品を知らない一般生活者、つまり「知らないゾーン」にある人たちに向けて発信しています。その新商品を認知させ、**自分自身に関係していると思わせ**、**購買にまで結びつけている**のです。

だからこそ、秀逸な広告コピーはおもしろいのでしょう。こうしたコピーを分析することも説明の技法の1つの学びになります。

「自分にはできない……」というもどかしさ——「習得の壁」

次に、つまらない話のパターン3「自分に関係する内容だけれど、今は不要・自分には無理そう」です。聴き手は、そのネタが自分に関係のあることは理解できているが、習得すること自体の優先順位が上げにくかったり、身につけようにもうまくできなかったりするなどで「自分には身につけることができない（必要ない）」と感じて実行できない場合です。ここは**「習得の壁」**に阻まれています。

過去に私が担当した研修を事例に説明しましょう。バックオフィスで主に事務作業を担当する方々に、プレゼンテーション技術を習得してもらうことを目的とした研修です。

その方々の場合、社内会議などで同僚にプレゼンをする必要はあるのですが、メインの事務業務に比べ圧倒的にその機会は少ないものでした。さらに、「自分はどうせ口下手だから……」という自意識を持つ方が多く、聴き手自身の中でプレゼン技術の習得の優先順位を上げることがどうしてもできないようでした。

このようなパターンでは、**「どうにかして今すぐ自分の中に取り入れなくては！」**と聴き手に思わせることがカギとなります。そのためには、取り入れる**必要性や緊急性をしっかり理解させる**説明ができるようになることが課題です。

「プレゼンテーション技術は、人前で情熱的に話したいことを伝えるだけのものではありません。皆さんがこの研修が終わったあとすぐにまとめる報告書や上司の方などに送付するメールの内容を、相手にわかりやすく、かつ、ミスコミュニケーションが発生することのないよう端的に伝える重要なノウハウなのです」

こう伝えることで、プレゼン技術を習得する聴き手の優先順位を上げていくのです。場合によっては、ネタを聴き手が自分のものとして吸収し、自分で使いこなせるようになるための**方法論や具体的ステップなどを提案**することも必要となります。詳しくは第3章「メリットの型」で説明します。

「もう知っている」は最大の難敵――「当たり前の壁」

つまらない話のパターン4は「内容はすでに知っていること・できていることで、もう当たり前」です。聴き手がすでに当たり前と感じているネタをそのまま聴かせてしまうと、当然ながら「つまらない」と感じさせてしまいます。

たとえば、成人にとっての掛け算の九九。すでに使いこなせている計算スキルなのに、イチから丁寧に説明されたら退屈に感じるはずです。あるいは講演会で、「インターネット時代に突入し……」なんて聴かされたら、「いつの時代の話だよ！」とほとんどの方が突っ込んでしまうでしょう。

聴き手の知識レベルや理解度がすでにわかっていて、かつ聴き手が1人、もしくは複数人でもその知識レベルや理解度に大きな差がなければ、そこに照準を絞ってネタをぶつけていけばこの壁はクリアできます。

もし、どうしても、聴き手が当たり前と思ってしまっていることを説明しなければならないのであれば、**背景や周辺情報を補足しておもしろさを演出**することを考えます。九九であれば、歴史や海外での教育など。インターネットであれば、開発の経緯など。こういった情報を肉づけしながら説明を展開していくことで、**聴き手の知的好奇心を刺激**することができます。

実は、この「当たり前の壁」は**私たちの日常でしばしば遭遇**するものです。知識・経歴がまちまちな複数の相手との会議やプレゼン、営業トーク、講演会やスピーチ、研修やセミナーなどのシチュエーションがこれにあたります。さらに、個人のSNSでの発信も、不特定多数の人に知識やスキルの習得を促す説明という面があります。書籍の執筆もこれにあたりますね。

そのネタについてすべて知っている聴き手と、まったく知らない聴き手が混ざっている場合、どう説明を進めればいいのか。

たとえば、「論理的思考」を説明する研修を例に考えてみましょう。このとき、まずは、

「論理的思考をすでに実践しているエキスパートの方々はもうご存じのことだと思いますが……」

このような前置きをつけて、**すでに知っていたり習得していたりする人の自尊心を高めること**ができれば、その場を温かい雰囲気にすることができます。

その上で、その知識やスキルを**より活用するコツや継続するコツ**などを説明にまぶします。それすらもすでに知っている・できている層に対しては、たとえば、

「論理的思考を身につけている人だからこそ、成し得ることがあります。それは、成長が加速することです。なぜなら、論理的思考を身につけている人は、新しい情報や概念を迅速に理解し、組み込むことができるためです」

と、論理的思考そのものの機能やメリットだけでなく、**それを習得した状態にどのような価値・意義があるか**を伝えていくのです。

さらに、このような人たちの最終ステージは、**その人たちが話し手（説明する側）になること**だと私は考えています。そのため、場合によっては**他者への伝え方のコツ**などをまぶしていきます。たとえば、

「論理的思考は苦手な人にとってはとっつきにくい考え方です。周囲に苦手な人がいる場合には、まずは目の前にある情報を階層別に分類する作業から始めるよう指示すると効果的です」

あなたが説明した知識やスキルを聴き手が習得し、今度はその聴き手があなたの知識やスキルをその先の人に伝えていく。まさに**「知の伝承」「知の連鎖」**が生まれる瞬間になるわけです。

余談になりますが、すでに知っているネタをなんのひねりもなしに説明しても、おもしろいと思ってもらえるケースが1つだけあります。それは、聴き手が話し手に好意を抱いている場合です。「ああ、またその話か。よく聞くよね（笑）」みたいな感じですね。ただ、これは話し手のキャラクターの問題であったりもします。本書でいう「よい説明」とは別の問題となりますので、他の書籍にゆずることにします。

「よい説明」は聴き手の「脳」を満足感で満たす

食べ物を食べると胃が満たされるのと同じように、**人は情報を吸収すると、脳が満足感で満たされます。**人は、情報や知識を得ることなしに生き続けることは不可能な生き物なのです。

あふれる情報を消費し続ける現代人は、「舌」ならぬ「脳」が肥えています。それぞれの情報が自分にとって価値があるかないか、厳格にジャッジされる時代でしょう。だからこそ、情報を伝えるときに**聴き手の脳が「その情報を自分のものとしたい！」と欲するようなおもしろい説明をできるかどうかが重要**になるのです。

それでは、聴き手の脳に「その情報を自分のものとしたい！」と思わせる説明、すなわち「よい説明」とは、どのようなものなのでしょうか。

私は、**「性賢説」**というものを信じています。人は元来、知的になりたい生き物であるという考え方です。「笑い」などのエンタメの要素がない説明であったとしても、人は知性を高めてくれる話を「おもしろい」と思って満足すると考えています。

これは、『人間性の心理学』（産業能率大学出版部）で心理学者のマズローが提唱している「認知的欲求」で、いわゆる知的好奇心です。人は元来、「知りたい」「理解したい」という欲求を持つ生き物なのです。

だから、「おもしろい」と思ってもらえるような説明をすると、脳が「その情報を自分のものとしたい！」という欲求を持つ。結果として、その情報は聴き手の中にスムーズに取り込まれていきます。つまり、**「よい説明」とは知的好奇心を刺激し、聴き手をワクワクさせる説明**なのです。

なぜ、その生徒は片道2時間かけて夏期講習に通ってくれたのか

「よい説明」には副次的な効果があります。それは、あなたが話した内容を、聴き手が誰か他の人にしゃべったり、書いたりして伝えたくなることです。

つまり、よい説明ができると、**話の内容が拡散されやすくなる**のです。結果的に**影響力を持つ**ことだってできるようになります。

私が駿台予備学校に勤めていたある年の夏期講習のときのことです。講義が終わったあと、男子生徒2人が講師室に来て、こんなことを話してくれたのです。

「やっぱり先生の授業をとってよかったです！　どうしても先生の授業、受けてみたかったので！」

状況がよくわからなかったので、詳しく聞いてみたところ、その2人は、千葉県から片道2時間もかけて東京・御茶ノ水まで私の授業を受講しに来てくれたのです。

2人は、私の授業を受けるのは初めてです。どうしてそんな労力をかけ、期待外れに終わるかもしれないリスクをとってくれたのか疑問に思い、尋ねてみました。

「なんで、ボクの授業を受けたことがないのに、こんなにまでして受けようと思ってくれたの？」

すると、彼らはこう答えてくれました。

「ネットの口コミでいろんな講師の方を調べていたんですけど、その中で先生の授業が一番よさそうだと思ったからです！」

私の授業を一度も受講したことがないのに、特別料金が必要な夏期講習会の授業を選んでくれたこと。その理由は、ネットに口コミされた授業内容だったのです。

「型」に流し込むだけで誰にでもすぐできる

これまで「話がつまらない」「話がおもしろい」と感じさせるメカニズムと、「よい説明」の定義についてお話ししてきました。

ただこうした、おもしろくて「よい説明」を毎回実行しようとするのは、いささか骨が折れると思われる方もいるでしょう。でも心配はいりません。

なぜならば、「よい説明」には、**説明がうまくいくための「大原則」と、誰にでもすぐ使える「11の型」**があるからです。

私は、駿台予備学校に勤務していたとき、多いときで**年間1500時間ほど講義で説明**を行っていました。生徒を飽きさせないように、かつ、常に生徒の成長につながるような話をしなければならなかったのです。

ただ実際問題として、毎回の授業で「よい説明」を新たに準備するのは物理的に不可能です。

そこで考えたのが「型」です。つまり、**「話をおもしろくする」ことそのものを仕組み化**したのです。

今では、講演会やセミナー、企業向けの研修やプレゼンなど毎回変わる話の素材を、予備校講師時代につくった**型に流し込むことで、いともかんたんに「おもしろい話」に仕立て上げられる**ようになりました。

なお、この説明の型は、私自身の経験だけから編み出したものではありません。東京大学の大学院で言語化の研究もしており、そういった研究を通じて**1000人以上の人の説明を分析**した知見も含まれています。

本書では、素材（ネタ）が何であれ、聴き手に「おもしろい！」と感じてもらえるような説明の「型」を、使うタイミングや具体的なフレーズなどを含め、余すことなくお伝えしていきます。

次章では、「よい説明」に必要不可欠な「大原則」から紹介していきましょう。

第2章

「よい説明」は「聴き手を知る」ことから始まる

「『よい説明』かどうかを決めるのは聴き手」という大原則

前章では、話が「つまらなくなる」パターンと、聴き手に「おもしろい」と思ってもらえるメカニズムを解説し、さらにおもしろい説明とはすなわち「よい説明」であることについてお話ししました。

本章では、その「よい説明」をつくり上げていくための大原則について説明します。

この大原則は、**よい説明「11の型」を使いこなすための「土台」**といえます。

大原則をきっちり押さえ、揺るぎない土台をつくり、その上で「つまらなくなるパターン」を回避したり、「おもしろい説明」に変える「型」を使ったりしていただければ、**短期間で確かな成果**が現れることをお約束します。その大原則が次です。

【大原則】話の内容が「おもしろい」かどうかは聴き手が決めるものと心得る。

話し手である自分自身がどんなに「価値あるおもしろい説明ができた」と思っても、聴き手がそれを「つまらない」と思ってしまえば、それまでなのです。

「そんなの当たり前じゃないか」と思うかもしれませんが、この点は**意外に見落としてしまいがち**です。たとえば、予備校時代にある講師が、こんなことをぼやいていました。

「今日も半分近くの生徒が寝ちゃっていた。オレの授業のよさを、なぜあの子たちはわかってくれないんだろう。めちゃくちゃハイクオリティな話をしているのに……」

どんな内容を話したのか本人に尋ねてみたところ、その講師は生徒が喜ぶと思って、大学入試の範囲を超えた大学教養レベルの専門知識を話していたようです。

専門家の端くれである私にとっては、とてつもなくおもしろくてワクワクする内容で、私がその授業を受けたかったくらいです。ただ当然のことながら、生徒からすると、入試で出題されるテーマを最優先に話してほしいはずです。

聴き手がどのような状況にある人たちなのか。

聴き手は何を求めているのか。

それらを踏まえて説明を始めないと、「よい説明」にはなりません。

「聴き手の頭の中」を知るための3つの視点

ここからは、「話の内容が『おもしろい』かどうかは聴き手が決めるものと心得る」の大原則を守るために、具体的に何をすればいいのかについてお話ししていきます。

絶対に欠かせないのが**「聴き手のプロファイリング」**です。

ここでいうプロファイリングとは、聴き手に関する情報を事前に集め、分析・把握することを指します。

話のおもしろさを決めるのが聴き手であるならば、その**聴き手を知ることから始めなければなりません。**

プロファイリングで**すべきことは、実は1つだけ**です。

それは、話し始める前の段階で、説明する素材（ネタ）が今、聴き手のどのゾーンにあるのかを確認し、それについて聴き手がどんな考えや想いを持っているのかを把握することです。

もちろん、この段階では、推測の域を出なくても構いません。大切なことは、**できるだけ聴き手の頭の中の状態を知ろうとする**ことなのです。

聴き手の頭の中を把握するためには、次の３つの視点でプロファイリングを行っていきます。

【視点１】現在地
【視点２】到達点
【視点３】価値観

まず、視点1「現在地」から説明していきましょう。

視点1

現在地――今「どこ」にいるのか？

プロファイリングをしていく上で最初に知るべきことは、話そうとしている素材（ネタ）が現在、聴き手の中でどのゾーンにあるかということです。

これから自分が説明しようとしているネタについて、**聴き手はどれくらいの情報量を持っているのか**。あるいは、**どれくらい理解しているのか**。そういったことを探ります。

もちろん、社内や取引先などすでに知っている人であれば、この情報は比較的入ってきやすいでしょう。少し会っていないなど間が空いた場合には、口頭でもチャットでもいいので、**近況を質問して情報を集める**ことをおすすめします。

初めての営業先などでは周辺から情報を得る、面談前にメールでさり気なく相手の状況を確認するなどがいいでしょう。セミナーや研修でほとんど初対面の相手の場合は、セミナー主催者、企業の人事担当や受講生に**ヒアリングや事前アンケート、テスト**を実施するという手があります。その上で、話す内容をアレンジし、効果的な話し方、つまり説明の「型」の選定を行います。
たとえば、私が中堅社員向けに「説明のスキルアップ研修」を行う際に実施する事前アンケートの質問項目は次のようなものです（受講希望者に実施）。

Q1 仕事上のコミュニケーションで課題だと思っていること、困っていることはありますか？ あった場合、誰と誰の間における（たとえばクライアントと自分など）、どのような課題ですか？

Q2 仕事上、「説明力不足」が原因で生じた問題はありますか？ あった場合、誰と誰の間におけるどのような問題でしたか？

Q3 コミュニケーション力のスキルアップ研修を受講したあと、現場であなたはどのような成果を上げたいですか？

Q4 受講する社員研修で、担当講師にもっとも期待することはなんですか？

Q5 社員研修でやってほしくないことや、講師に理解が必要なことがあれば教えてください。

Q1、Q2では、顕在化している問題や課題が何であるのか、おおよそのところが見えてきます。さらに、ここに書かれていない潜在的な問題や課題にはどんなものがありそうかも浮かび上がってきます。

Q3、Q4では、聴き手が習得したいことは何なのかを探ります。

Q5は、聴き手に不快感を与えたり、傷つけたりする発言をしないようにセーフティネットを張るための質問です。

「推測」の精度を上げる方法

説明の前に聴き手と接点を持つことができない状況や事前アンケートが実施できない場合も多々あります。そういったときは**「推測」**を中心に行っていきましょう。

推測の精度を上げるための手段はいくつかあります。

たとえばセミナーや講演会で話すとき、参加者の名簿を事前に見せてもらうことが可能ならそれも有効です。参加者の所属企業や業種など、名簿から読み取れる情報はプロファイリングに役立ちます。どんな人が出席するのかを把握し、これまでの自分の経験とすり合わせて推測するのです。

参加者の情報がほとんど手に入らない場合も少なからずあります。

以前、知人の紹介でベンチャー企業の営業職向けに研修を行ったときの話です。そのときの研修テーマは「説明のスキルアップ」でした。

小規模なベンチャー企業なのですが、その会社には人事部門がなく、かつ社員の皆さんが超多忙で、受講生の情報を事前に知ることができませんでした。

そこで私が行ったのが、**ホームページ検索**です。ここを隅から隅まで眺めます。さらに、会社の広報活動の一環として、社員の皆さんもSNSをやっていることがわかったので、その**投稿内容を見て、説明スキルのレベルや課題などをチェック**しました。

こうしたやり方は、情報を得ることが難しい初めての営業先などにも使えるでしょう。まずは相手をできる限り知るところから始めることが、よい説明をしていくために必要不可欠なのです。

視点2 到達点──どうなってもらいたいか?

続いて、視点2です。「説明することで聴き手にどうなってもらいたいか」という聴き手の到達点を決めます。「話すネタを、聴き手の中のどのゾーンからどのゾーンに移動させたいか」を決めるのです。

ポイントは、**自分が「何を話したいか?」ではなく、聴き手に「どう変わってほしいか?」をまず明確にする**ということです。

そこから逆算することで、第3章以降でお話しする**「どの型を使って説明すべきか」が明確になってくる**ということなのです。

具体的に探るべきこととしては、聴き手自身がどのゾーンまで点を移動させたいかという**「聴き手の欲求」**です。たとえば、企業向け研修での欲求は、もっぱら「自分ゾーン」への移動となります。研修は、聴き手である受講生が最終的に学んだ内容を習得し、現場で生かせるイメージを持てることで初めて満足度が高まるからです。

［図2−1］

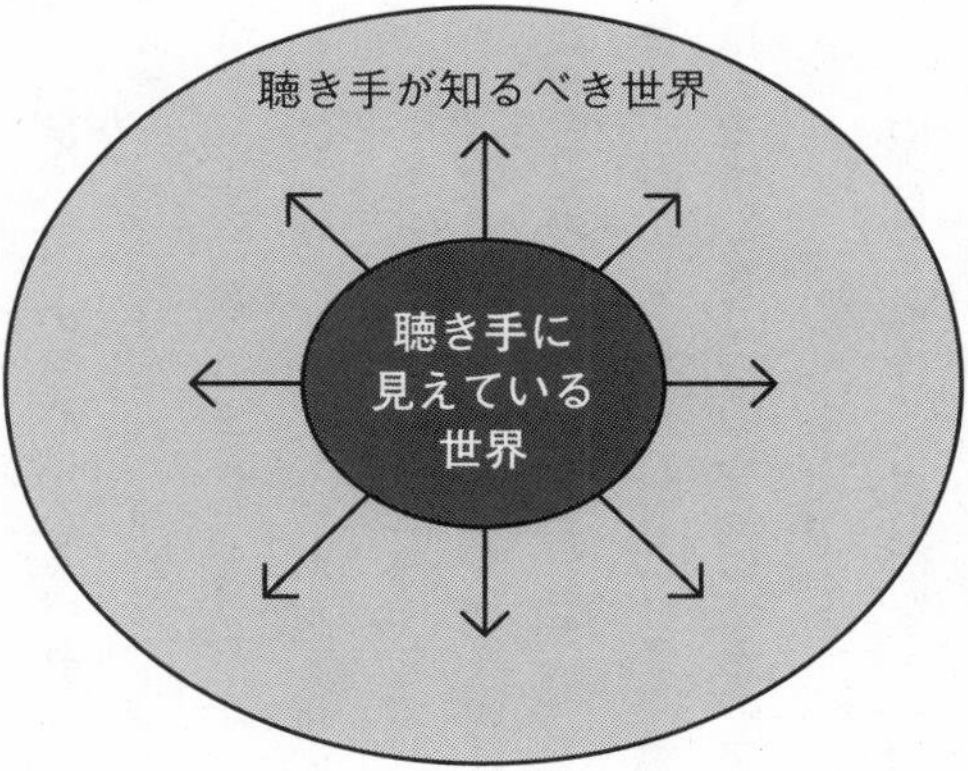

もちろん、企業によっては聴き手が、「まずは興味・関心を持てるようになればＯＫ」という場合もあります。

ただし、ここで大切なことが1つだけあります。

それは**「話し手は、聴き手の視野を広げてあげるべき場合がある」**ということです。

聴き手が「この話は関心を持つだけでいい」と思っていることでも、自身との「関係」にまで気づかせてあげたほうが、聴き手にとってメリットがあるということは少なくありません。

たとえば、ビジネスシーンでいえば、新たな制度や法案の通過、自分が属する業界とは異なる企業の不祥事や倒産などが該当します。さらに、日常生活で考えれば、災害時の対応策がわかりやすいでしょう。

これらは、**多少の関心はあるけれど、いまいち自分には関係のないこと**だと思いがちですよね。いざ事が起こってからでないと「関係」を感じにくいということは、多くの方が共感できるのではないでしょうか。

たとえば、職場や地域で行われる防災講話や特定の地域で配布される自治体広報誌。ここでは「大地震に備えましょう」という一般論の説明に終始するのではなく、災害が起こったら職場や聴き手が住む地域が具体的にどのようなリスクにさらされてしまうのか。なぜ、そのようなリスクが起こってしまうのか。地盤や水路の位置まで踏み込み説明します。さらに、それに合わせた避難訓練を行ったり、防災グッズを用意するヒントまで伝えることができるならば、**そのネタは聴き手にとって大きな価値**になるはずなのです。

聴き手の世界を広げる手助けをするのも話し手の役目だということです。

視点3

価値観――どう思っているのか?

続いて、視点3「価値観」についてお話しします。

話におもしろみを感じてくれるかどうかは、そもそもの**聴き手の価値観やそのときの心情で決まる**ことが多々あります。たとえば、「今ノルマ達成で精いっぱいなのにパーパスっていわれても……」のようなイメージです。

視点1「現在地」でお話ししたように、聴き手がどれくらいの情報量を持っているか、あるいはどれくらいの理解度なのかを知ることはもちろん重要です。

ただ、それ以上に大切なのが、そもそも話の内容を肯定的に捉えているのか、あるいは否定的に捉えているのか。何を良しとして何を悪しとしているのか。こうした聴き手の「価値観」を知ることです。

社外の取引先の**初対面の相手や、社内でもよく知らない他部署の人、上層部の人**に対しては、これをどこまで知ることができていたかで**説明の成功確率は大きく変わります。**

もちろん、価値観といっても理念やビジョンなどのたいそうなものでなくても構いません。その人の**本音や本心、抱きやすい感情、欲望・願望**で十分です。

では、「聴き手の価値観」のプロファイリングは、具体的にどうやっていけばいいのでしょう。

上司と部下、先輩と後輩。このような関係でも、相手の価値観までは知らないことがよくあります。普段から相手がどのような話題に興味・関心を示すのか、どのようなことに時間やお金を使っているかなどを観察しておきます。業務時間外の休憩時間や食事会のときなどは、特にその言動に注目するといいでしょう。

相手がある事象にどんな印象を持っているのか、それを探るために有効な観察ポイントがあります。それは、**言葉を投げかけたときの聴き手の表情**です。

たとえば、「説明」という言葉を発したときに、眉間にしわを寄せたり、口がへの字になったりする人は、基本的には「説明」に対して後ろ向きの印象を持っています。「自分にはできない」「難しい」「人は論理だけでは動かないよ」と考えている証拠です。

また、価値観を知るための事前のリサーチ、あるいは対面での質問で、聴き手が普段どんなコンテンツを消費しているのかを知ることも、価値観をより正確に理解する上で

役立ちます。たとえば、

「普段、どんな本を読んでいますか？」

「よく観るテレビ番組にはどのようなものがありますか？」

「休日は何をしていますか？」

このような質問をすることで、聴き手がどんなコンテンツの消費に時間を使って、何に喜びを得ているのか、少しずつ見えてくるはずです。

自分の説明をポジティブに聴いてもらう土台をつくっておくために、このようにして相手の価値観をできるだけ知っておいたほうがいいのです。

最後に、この大原則を定着させる上での最良の方法をお伝えします。

それは**「聴き手に対して常に関心を持つこと」**です。

話し手が、聴き手に対してどれだけ興味・関心を持つことができるか。この大きさが、聴き手のプロファイリングの成否を決めるといっても過言ではありません。

それでは、次章から「よい説明の型」を具体的に見ていきたいと思います。

図2－2に示すように全部で型は11個あります。効果的な状況やゾーンの移動も参考に、どの型から読み始めていただいてもかまいません。

[図2−2]　**よい説明「11の型」**

番号	名称	効果的な状況	移動ゾーン	特徴
1	メリット訴求	営業、会議、プレゼン、日常生活	知らない➡関係、自分	聴き手を前のめりにさせる特効薬
2	対比	会議、自己紹介、面接、プレゼン、日常生活	知らない➡関係	理解度の大幅アップ
3	因果	会議、プレゼン、日常生活	知らない➡関係、自分	腹落ちさせて納得感アップ
4	カットダウン	会議、営業、日常生活、自己紹介	関心、関係➡自分	聴き手の負担軽減
5	破壊	営業、プレゼン、会議	関心➡自分	説明による「理解のショック療法」
6	ニュース	会議、プレゼン（の冒頭）	知らない➡関心、関係	食いつき度アップ
7	希少性	営業、面接、日常生活	関心、関係➡自分	「知りたい欲求」の創出
8	伏線回収	プレゼン、営業、日常生活	知らない➡関係、自分	聴きたくなる罠を仕掛ける
9	決断誘導	会議、プレゼン、日常生活	知らない➡関係	聴き手の決断をコントロール
10	自己主張	会議、自己紹介、面接、日常生活	知らない➡関係	論破せずに「自分」を通す
11	欠如アピール	会議、プレゼン、営業	知らない➡自分	「埋まらないもどかしさ」の解消

第3章

第1の型 メリット訴求

聴き手を前のめりにさせる特効薬

効果的な状況

営業、会議、プレゼン、日常生活

「話を聴くメリット」がわかると聴き手は前のめりになる

本書でご紹介する「よい説明の型」を身につけるだけで、まず間違いなく聴き手に「おもしろい！」と思ってもらえる説明ができるようになります。

たとえば、私の説明スキルをお伝えしたあるビジネスパーソンは、初めて自分ひとりでお客さん向けにプレゼンを行ったところ、高評価を得られ、提案が即決されました。

それというのも、不器用で話し下手だった私が、塾・予備校講師として24年以上磨き上げてきた説明スキルを、誰にでも使いこなせる型にしてその方にお教えしたからです。

「よい説明」の「型」は、全部で11個あります。どの型から読んでいただいてもOKです。あなたの興味・関心のある型からぜひ読み進めてみてください。

まず、1つ目の型が、「メリット訴求」です。説明を聴くことのメリットを相手に伝えるというものです。例として、前ページでこれから型の説明を聴く（読む）メリットをお伝えしました。

話し手と聴き手の間に、深い信頼関係があったりすれば別ですが、人が誰かの話を聴くときにたいていの場合はまず**「それで、その話を聴いて何の得があるの？」**と思うはずです。この「メリット訴求の型」は、まず聴き手側のメリットをしっかり説明し、聴き手の欲求をかき立てることを目的とします。

「説明を聴くメリット」とは、**説明を受けることで聴き手にどんなよいことがあるか**ということです。これをまず伝えることで、説明の中身（ネタ）を聴き入れる態勢が初めて相手に整うのです。

このメリットは、**聴き手自身が気づいていない潜在的なニーズ**になっていることも多々あります。だからこそ、それを言語化して明確に伝えることで、説明を聴いてもらうモチベーションを高めるのです。

この型を使うときの具体的な手順が、以下の4ステップとなります。

【ステップ1】聴き手の問題点をあぶり出し、メリットの存在に気づかせる
【ステップ2】成功事例を紹介し、頭の中に絵を描かせる
【ステップ3】自分がそのメリットを提示できる理由を伝える
【ステップ4】メリットを享受できる具体的なステップを説明する

この手順を踏みながら聴き手のメリットをしっかり説明していくだけで、相手は驚くほど「説明を聴くメリット」を理解でき、さらに、**話の内容に大きな価値を感じてくれます。**

それでは、各ステップについて、1つずつ説明していきます。

ステップ1 聴き手の問題点をあぶり出し、メリットの存在に気づかせる

ステップ1のポイントは次の3つです。

[ポイント1] 聴き手が「まだ、できていない」ことを言語化して教えてあげる
[ポイント2] 聴き手の痛いところをつく
[ポイント3] それを回避するための具体的な解決策の存在を提示する

聴き手がなんとなくマズイかもなあと潜在的に感じている問題を、話し手側が言語化し、さらには痛いところをつくことで問題や課題をはっきりと自覚してもらいます。この段階で、話し手側に解決策があることを提示すれば、「説明を聴くメリット」がより一層伝わります。

別の言い方をすると、**「現実を目の前に突きつけて、自分ごと化させる」**説明から入

ると効果的なのです。そうすることで、聴き手は、

「確かに、この状況はマズイかも」

「確かに、そのサービスを受けたら、今よりよくなりそう」

「この人の説明を聴いてみたい！」

と思ってくれます。具体的に説明しましょう。

まず、聴き手に「解決すべき問題があるのでは？」と教えてあげることから始めます。

聴き手が、自分自身の解決すべき問題（ニーズ）を自覚していればこのステップ1は飛ばしてもいいのですが、意外にも本人が自覚していない潜在的なニーズになっていることのほうが多いのです。

たとえば、企業のコンサルティング業務では、**起きているはずの問題をクライアントが自覚していないというケース**は多々あります。

そういった場合には、話し手のほうから仕掛けて、クライアントの潜在的な問題点に気づいてもらいます。

具体的には、**聴き手の潜在的な「お困りごと」「お悩みごと」を顕在化させるような説明**をします。たとえば、企業研修のプロデュース業務では、人事担当者に対して次の

ように提案をします。


「研修を実施する上で、最大の課題は何になると思いますか？　それは、研修で学んだことを研修後に実際の業務に生かすことです。もしそれができなかったとしたら、研修に投下した時間や費用は、すべて無駄になってしまいますよね。それを避けるためには『研修内容の復習の仕組み化』が重要なのです。

フォローアップ用動画とワークショップの組み合わせで、実施した研修を復習しやすい仕組みをつくるのはいかがでしょうか」


実際にはもう少しソフトに説明しますが、このような感じになります。

「研修の学びが現場で生かされず、研修に投下した時間や費用は、無駄になっているかもしれない」。このことは、担当者自身もうすうす気がついているかもしれません。

そこを**あえて面と向かってはっきり伝えることがポイント**です。

そうすることで、聴き手は、それを解消したいという衝動に駆られるはずです。その結果、「説明を聴くメリット」がより一層実感されるのです。

ステップ2 成功事例を紹介し、頭の中に絵を描かせる

ステップ2の目的は、すでに成果を上げた人の成功事例を紹介することで、聴き手の頭の中に**具体的なイメージを描かせる**ことです。たとえば、ステップ1で問題点をあぶり出したあとに、次のようなコメントを追加します。

「過去30社ほど『研修内容の復習の仕組み化』を導入してきた中で、□□社様では、研修終了2カ月後の定着率が80％を超えました。この施策を実施する以前の平均定着率は40％前後で、この結果は□□社様では過去最高です」

クライアントの成功事例と、「結果としてどのように変わったか」を（もちろん出せる範囲での）**固有名詞や数値で表現する**ことで、聴き手の頭の中に具体的なイメージを湧かせることができ、**「私（自社）でもできるかも！」**と思わせることができます。

ステップ3 自分がそのメリットを提示できる理由を伝える

ステップ3の目的は、**聴き手に安心感や信頼感を持ってもらう**ことです。

ステップ2を終えた時点で、聴き手の頭の中には成功イメージはすでに湧いていま す。さらに、**ここであえてダメ押し**をするのです。

「なぜ、話し手がそのメリットを与えることができるのか」

「どうして、そんなメリットを構築することができたのか」

話し手がそのメリットを提示できる明確な理由や根拠について、もったいぶらずに相手に説明するのです。先の例の「研修内容の復習の仕組み化」というメリットに続けると、

「(……研修に投下した時間や費用を無駄にしないためにも、)『研修内容の復習の仕組み化』が重要なのです。フォローアップ用動画とワークショップの組み合わせで、実施した研修を復習しやすい仕組みをつくるのはいかがでしょうか」

このように問題意識の顕在化とメリットの提示を行った上で続けます。


「実は、私は駿台予備学校講師としてオンライン授業に登壇しており、退職後には大学院にてeラーニングの研究を行いました。国際学会へ論文の投稿も行っています。

こうした教育現場での経験と、研究から得られた知見を、企業研修にも当てはめていくことで『研修内容の復習の仕組み化』が可能となったのです」


このように、聴き手の問題解決ができる理由を、**話し手の実績などの事実**とともに根拠として伝えていきます。さらに、そのメリットがどうやってつくられたのかがわかるメカニズムをさらけ出すことが、実は安心感や信頼感を高めます。

大事なことは**「その話し手でなければならない理由」**を明確に示すことです。

そこではじめて、「この人の説明を最後まで聴いてみよう！」と思ってもらえるのです。

ステップ4 メリットを享受できる具体的なステップを説明する

最後のステップ4の目的は、**聴き手の行動を促す**ことです。「よい説明」は、相手を動かしてこそ価値が出るのです。

ステップ3までの説明を聴き手がしっかり理解できていれば、そのネタを実行したい気持ちでいっぱいになっているはずです。ここで満を持して、具体的にどういう手順を踏んでいけば、自分が使いこなせるレベルまでいけるのかを伝えていきます。

覚えておいていただきたいのは、ステップ3で止めずに、**このステップ4まで必ず行うことが大事**だということです。

なぜなら、聴き手の気持ちが盛り上がったときに、具体的な行動を促すステップまで説明しておかないと、相手の気持ちが冷めて、結局、何も変わらないままになってしまうからです。「そのうちに」と思い始め、そのまま忘れ去られてしまう可能性が高くなります。

具体例を挙げると、

「このQRコードからサイトに飛んでいただいて、そこでお客様情報を入力していただければ、それでもう完了です。これを本日中に行うようにしてください」

このように、相手が行うべきこととその期日をセットにして伝えることで、相手の行動を促すことができます。

いかがだったでしょうか。

この「メリット訴求の型」は、**当たり前であるがゆえに、ついつい手薄になりがち**です。人によっては、わざとらしくなりそうで躊躇《ちゅうちょ》してしまうこともあるかもしれません。

それでも、聴き手を動かすためには、あなたの説明を聴くメリットをしっかり伝えることがとても大切なのです。

第4章

第2の型 対比

理解度の大幅アップ

効果的な状況

会議、自己紹介、面接、プレゼン、日常生活

そもそも人は「比べたがり」

本章でお話ししていくのは、「対比の型」です。対比とは、互いの違いを明らかにするために比べることです。

そもそも人は、対立構造のような「対比」が好きですよね。

たとえば、アートだったら「伝統アート vs. 現代アート」、ゲームや教育であれば「リアル vs. バーチャル」のような感じです。

実は、こういった対立構造を説明に入れ込むと、聴き手はおもしろいと感じます。**聴き手をワクワクさせることを目的**とするのが、この「対比の型」です。

なぜ、この型を使うと「よい説明」になるのでしょうか。

実は、この「対比の型」を用いることで、これまで聴き手がまったく意識していなかったことでも、**「自分にも関係するんだ」と思ってもらうことができる**からです。

たとえば、一時期流行った糖質オフダイエットというものをまったく知らずに別のダイエットをしている人に、

「そのダイエットに比べてスピーディかつ健康的に痩せられるダイエット方法があるんです。それが糖質オフダイエットなのです」

こう伝えます。

つまり、「自分にとって未知のネタ」であった糖質オフダイエットを、その人がすでにやっているダイエット方法と対比させることで、一気に聴き手に関係する「無視できない自分と結びつきのあるネタ」と思わせることができるのです。

人は比べることで初めて深く理解できる生き物なのです。

「対比」を使いこなす3つのパターン

それでは、どうすれば対比をうまく生かした説明ができるのでしょうか。

「対比」の使い方は3パターンあります。

【パターン1】 2つの対象を対比
【パターン2】 平均と対比
【パターン3】 1つの対象の中で対比

この3つのパターンをうまく使い分けながら、説明に対比を盛り込んでいくことで、聴き手に「よい説明」と思ってもらえるようになります。

さっそく、パターン1から見ていくことにしましょう。

パターン1 ２つの対象を対比――対比の王道

対比のパターンの１つ目です。２つを対比させて、大きいか小さいか、高いか低いかなどを比べるオーソドックスな方法で、対比の中で一番使いやすい王道パターンです。

ここでは、**数値を使ってその差異を表す**とより効果的です。数値がイメージしやすいものだったり、ギャップがあったりすると、**聴き手にインパクト**を残しやすくなります。

たとえば、高校の化学では「電池」というものを扱います。電池にはいろいろな種類がありますが、電気自動車や家庭用発電機などに用いられている「燃料電池」を例に挙げましょう。この燃料電池について説明されるときに、「燃料電池のパワーって、実は弱いんだよ」といわれてもピンとこないと思います。これを、

「燃料電池のパワーって、携帯電話のバッテリーよりも弱いんだよ」

こう説明されると、少しは「へぇ〜」と思ってもらえるでしょう。さらに数値を入れて、

「燃料電池のパワーって約1・2Vで、携帯電話のバッテリーで使われているリチウムイオン電池の3分の1程度しかないんだ」

と、リチウムイオン電池と対比させ、さらに数値を盛り込んでいくことで、燃料電池の弱さを際立たせることができ、**聴き手に「なるほど！」と思ってもらえる**のです。

このように、数値を使うことで聴き手にインパクトを残すことができますが、説明に数値を入れられないような場合ももちろんあります。そういった場合、たとえばこんな言い方があります。

「妻のほうが、私よりも度胸がある」

度胸というのは数値では表せないため、具体的なエピソードでも交えながら、聴き手におもしろいと思ってもらう説明にすることができます。

パターン2

平均と対比——自分のいる位置はどこか

対比の2番目のパターンは、3つ以上のものを対比させていく方法です。

3つ以上を対比させるときの説明は、平均値を用いるととてもうまくいきます。**人は、自分が集団の中でどのあたりの位置にいるのかを気にします。**つまり、聴き手を含め大勢の人（3人以上）の中で比べ合いをする説明が効果的なのです。

聴き手の立ち位置が平均値より高いか低いかを説明すると、それだけで少なくとも未知の状態から関心を持たせることができます。

たとえば、**お給料**です。自分がもらっているお給料が、多いか少ないかを判断する際に、日本全体の平均や業界平均を見ますよね。**平均値を見て安心したり、焦ったり**してしまうと思います。国税庁が発表している平均給与は、2021年の統計データで、およそ「443万円」でした。多くの方が、無意識のうちにこの数値と自分の給与とを比較してしまうのではないでしょうか。

さらに日本全体という大きな範囲よりも、所属している組織など小さな集団の中での自分の位置のほうに関心が向くものです。たとえば、

「この会社でのあなたの出世スピードは、平均以下です」

こういわれたら、ドキッとしますよね。ここまでド直球ではないにしても、**「平均値」を使って対比された瞬間、その説明は聴き手にとって他人事ではなくなる**のです。

周囲と比べるような時代ではないかもしれませんが、それでも個よりも集団を重視する日本人の国民性もあり、平均値との対比はやはり気になるポイントです。

即効フレーズ

- **「これは○○（数値）なのですが、平均は□□（数値）となります」**
- **「このチームの平均売上げは□□だが、今期のあなたの売上げは○○にも上ったよ」**
- **「業界平均は□□（数値）なのですが、弊社は○○（数値）となります」**

パターン3

1つの対象の中で対比――1つでも比べられる

3つ目のパターンは、「1つの対象の中で対比させる」という方法です。「1つだけじゃ、比べられないじゃないか」と思う方もいるでしょう。確かに、比べるというのは2つ以上のもので行うというイメージがありますよね。

ただ、実は1つの物事の中でも対比を示すことはできてしまうのです。「東大で出題された難問なのに、一瞬で解くことができてしまう」。この言葉を例に考えてみましょう。

「東大の問題」という1つのものの中でも、解くのに時間がかかるイメージがある「難問」と「一瞬で解くことができる」ということを対比させることができます。

このように1つの物事の中に対比を入れるとき、**聴き手の心を動かすコツは、ギャップを示すこと**です。具体的なフレーズとして、以下のようなものがあります。

即効フレーズ

・「○○でも、□□」
・「○○なのに、□□」
・「○○だったのに、今は□□」

このフレーズを覚えておけば、ギャップを盛り込んだ対比の説明がかんたんにつくれます。**数値を入れることができれば、聴き手はよりイメージしやすくなる**でしょう。

私の教え子で、もともと偏差値が24しかない生徒がいました。彼は、浪人はしたものの、偏差値24から見事、難関大学の医学部に合格し、現在は医師として活躍しています。

これは、研修や講演会でエピソードとして話すと、大変反響があるネタです。

「偏差値24だったのに、難関大学の医学部に合格したのです」

このようなフレーズで伝えることでギャップを演出し、聴き手の心を動かすことができるのです。他の例として、

「こんな多機能なシステムなのに、今なら20%OFFの価格でのご提供です」
「彼は口下手なのに、年間10億円を売り上げるトップ営業なんです」
「彼女は学生時代どっぷり文系だったのに、今では敏腕システムエンジニアです」
「スパルタ教官と呼ばれていたあの人でも、開始15分で泣いた映画」
「頑固一徹のあの人が、1分で折れた交渉テクニック」
「小学生なのに、年商1億円を稼ぐ社長でもあるんです」

これらの例のように、対比を示しながら、そこに数値を入れると、ギャップがわかりやすい説明になります。

武器1 選抜――「1000冊に一冊の名著」

破壊力抜群の、「対比の型」の究極形ともいうべき2つの武器を、最後にご紹介しておきましょう。その武器が次の2つです。

【武器1】選抜
【武器2】仮想敵

まずは、武器の1つ目「選抜」です。これは、**「数多の中から比較して選び抜いた」**ことを伝える説明です。

私はほとんどメールマガジン（メルマガ）というものを読まないのですが、毎日欠かさず読んでいるメルマガが1つあります。それが、エリエス・ブック・コンサルティングの土井英司氏が発刊している「ビジネスブックマラソン（通称：BBM）」です。

なぜ読んでいるかというと、土井氏はすでに3万冊以上のビジネス書を読み、その中から厳選したビジネス書を紹介してくれているからです。つまり、**「選抜」が前提にあるのです。**このメルマガは、2023年12月時点で6300号をゆうに突破しています。

ある日のメルマガで『即戦力の人心術』（マイケル・アブラショフ著、三笠書房）が取り上げられたときのこと。その紹介文では**「1000冊に一冊の名著」**という説明がされていました。「選抜」の中からさらに選び抜かれた名著だということが、たった一言で理解できてしまいますね。

ここで私がお伝えしたいのは、膨大な数の中から選んで紹介しているという事実は、**聴き手にありがたみを感じさせる**ことができるということです。聴き手の信頼を勝ち取り、**「選ばれたものだったら、ぜひ知りたい！」と思ってもらえる**のです。

今のような情報過多の時代では、「情報の渦の中から厳選してくれた」と思われるフレーズを仕込んでおくだけでも、聴き手はあなたの話に大きな価値を感じてくれます。

即効フレーズ

・「○○の中から選び抜いた□□です」
・「○○ほどある中から選び抜いた1つです」
・「全部で○○ページにもわたる骨太な本ですが、その中でもっとも役に立つ情報に絞って紹介します」
・「実際にお伝えすると○時間もかかるのですが、重要なポイントを□個だけ抜き出してお話しします」

武器2

仮想敵――桃太郎の鬼退治

武器の2つ目は「仮想敵」です。この武器を使う目的は、**聴き手の目をある1つの方向に向けること**にあります。

別の言い方をすると、仮想敵をつくることによって、**自分と聴き手の間に共通の価値観を見出す**のです。

それでは、どのような仮想敵をつくればいいのでしょうか。

一言でいうと、**「自分（話し手）にとって都合のいい敵」**です。

そんな敵が実在するかどうかは別として、自分の主張に真っ向から対立する、そんな理想的な敵を描くことです。そこでこしらえた敵を、自分の主張や説明の中の随所に登場させるのです。そうすることで、聴き手との同調性が高まり、同じ方向を向いてくれるようになります。

❯「正義vs.悪」が鉄板

仮想敵の具体的な設定方法を説明しましょう。敵の種類は、主に2種類です。

【敵A】悪
【敵B】不便

敵Aは「悪」です。これは、TVアニメのヒーローものでも「あるある」な設定ですよね。「正義」と「悪」が対比の関係にあります。自分の主張や説明が「正義」であることを声高らかに語るよりも、**「悪」を明確に設定して、それに異論を唱えるほうが聴き手には響く**のです。

ここで設定する仮想敵は、**強大であればあるほど聴き手はワクワク**します。「私たちは業界ナンバーワンを目指します」よりも、「既得権益という甘い汁をすすり続けるすべての企業を淘汰し、業界の健全化を目指します」のほうが聴き手からの共感を得やすくなるでしょう。

もう少し大きな視野での話だと、「一緒に世界平和を目指しましょう」のようなポジティブな表現よりも、「ともに戦争をこの世から排除していきましょう」のような明らかにネガティブなものである「戦争」を引き合いに出したほうが、聴き手はより頭の中でイメージしやすくなります。

なお、仮想敵はあくまで**実在する人や企業は避け、「概念」レベルにしておく**と無難です。それでも、十分にその「悪役」は役割を果たしてくれます。

まずは仮想敵の強大さをアピールするのです。「戦時下では、こんなにも痛ましいことが起こっているのです！」といったように。「戦争」の他にも、「格差」「貧困」なども「巨悪」として活躍してくれます。

この「悪」のイメージを聴き手に植えつけるところから始めるわけです。桃太郎のような昔話でも、鬼の悪徳ぶりをアピールしたあとに退治ですからね。

即効フレーズ

- **「○○（仮想敵）には絶対に負けません！」**
- **「○○（仮想敵）は、絶対に倒します！」**
- **「○○（仮想敵）をなくすことが、私の目指すゴールです」**

「不便」を敵にする

続いて敵Bです。このパターンでは、「不便」を仮想敵に設定するのです。**聴き手がなんとなく我慢していることや不具合があるところ**を見つけ、そこに自分の説明や主張をかぶせるのです。

たとえば、日常生活での説明に応用すると、こんなふうに使えます。

「宅配便が1日に何度も訪ねてくるのは、けっこう面倒ではありませんか。弊社で開発したこのシステムは、同じ住所の宅配物を一括して届けるサービスを実現しています」

このように、商品の売りを説明するときには、冒頭に多くの人が感じるであろう「不便」を入れ、**その不便を敵として倒すぞと聴き手にアピール**するのです。

そうすることで聴き手は、「この人（話し手）は、私の不便をわかった上で解決してくれそう」と思い、あなたの説明の虜になっていくのです。

第5章

第3の型
因果
腹落ちさせて納得感アップ

効果的な状況

会議、プレゼン、日常生活

「謎はすべて解けた!!」のゾクゾク感

「謎はすべて解けた!!」


このフレーズを聴くと、ゾクゾクしてしまうのは私だけでしょうか。

小学生の頃から大好きなコミック『金田一少年の事件簿』の主人公・金田《きんだ》一《いちはじめ》の決め台詞です。推理マンガの代表作ですね。

私は昔から推理ものが大好きで、江戸川乱歩の『少年探偵団』などの推理小説も子どもの頃から毎日のように読みふけっていました。こういった推理ものの醍醐味は、なんといっても事件の「種明かし」の瞬間です。

謎解きの解説を聴く瞬間のワクワク感は、筆舌に尽くしがたいですよね。

この章でお話しする「因果の型」というのは、まさにこの「種明かし」を用いた技術。

「原因と結果」の関係性を明かす説明です。

この「因果の型」を使うコツは、**結果から話す**ことです。そのあとに原因を1つずつ紡いでいきます。

先出しの「結果」に、あとから話す「原因」が次々につながっていくという順番を覚えておいてください。

即効フレーズ

- **「結果は、○○でした。その原因は、……」**
- **「結果としては、○○です。その原因なのですが、……」**
- **「○○というのが結果です。原因として考えられるのは、……」**

パターン1 遠い因果関係をつなげる——強風と桶屋

この「因果の型」の効果的な使い方は3つのパターンに分けられます。いずれか1つでも使えるようになると、「よい説明」はかんたんにできます。

【パターン1】遠い因果関係をつなげる
【パターン2】第3の因子（真因）を見つける
【パターン3】因果関係を逆転させる

パターン1「遠い因果関係をつなげる」は、「結果」と「原因」の距離が遠い場合で、**一見関係がないものを結びつける**ものです。

遠い距離にあるつながりというのは、いわゆる**「風が吹けば桶屋が儲かる」**が当てはまります。「風が吹く」ことと、「桶屋が儲かる」こととの間には、一見関係性がないように思えますよね。これを説明すると、次のようになります。

「風が吹いて土ぼこりが立つと、その土ぼこりが目に入って盲目の人が増える。その盲人は三味線を買うが（当時の盲人が就ける職）、三味線には猫の皮が必要となる。その皮を得るために大量の猫を殺すことになる。猫が減れば、猫に食べられるネズミも減る。結果として、ネズミが増えて桶がかじられてしまうので、桶屋が儲かる」

ここまで説明されればわかりますが、もしいきなり「桶屋が儲かるんです。その原因は、風が吹くからです」と言われても、頭の中は「?」だらけになるでしょう。

実は、この**「?」をあえてつくることで、聴き手の関心を引く**ことができるのです。距離が遠い「結果」と「原因」の、その間の情報がすっぽり抜けていると、「その間を埋める情報が知りたい」という知的好奇心がかき立てられます。聴き手は無意識のうちに、**「なんとかしてこの2つの間を埋めたい」という欲求**に駆られてしまうのです。

そこに、満を持してその間を埋めていく情報や知識を説明して、聴き手を引きつける。

これは、第13章で紹介する第11の型「欠如アピール」にもつながる手法です。遠い因果関係をつなげる例を挙げましょう。ある日の予備校の講義の冒頭で、私は、

「中世ヨーロッパで起こったルネサンス（芸術復興）って、錬金術がその要因の1つだったって知ってた？」

と切り出しました。すると生徒の頭の中は、「錬金術という怪しげなものと、ルネサンスがつながるの？　なぜ？」と「？」でいっぱいになり、その間のつながりを是が非でも知りたくなるのです。そうした状態にした上で、

「実はね、イスラム圏からヨーロッパに持ち込まれた錬金術から化学が発展していったのだけれど、その過程で、絵の具や彫刻をつくるための質の高い金属や大理石が得られ、さらにガラス加工技術なども広がっていったんだよ」

こう説明していきます。ルネサンスと錬金術の関係については、残っている文献も少

なく、諸説あるのですが、少なくともルネサンスを物質的にサポートしたのは化学の発展があったからでしょう。

「ルネサンス」と「錬金術」といった、一見関係性がなさそうなものを、因果関係でつなげて説明することで、聴き手をワクワクさせ、おもしろいと感じてもらえるのです。

これは、もちろん**ビジネスパーソンのプレゼン**などでも使えます。「この度、開発したこの新商品ですが、実は皆さんの地元と大きな関係があるんです」、このように「新商品と地元が関係あるの？」と思わせるのです。

それでは、具体的にどうすれば「遠い因果関係」をうまく表現できるのでしょうか。

「遠い因果関係」にあるネタを見つけたときに、それをおもしろい説明にするコツは、**あえて因果関係がわかりにくいものから先出しする**ことです。

たとえば、「農作物の収穫量と農薬の使用の関係」について説明するとしましょう。

ここでいきなり「農薬を使うことで、農作物の収穫量は減ってしまいます」と伝えるとインパクトの薄い説明になってしまいます。それよりも次のように話し始めるのです。

「ハチの数が減ると、農作物の収穫量が減少するって知っていましたか？」

こう伝えることで聴き手の関心を引くことができます。その上で、こう説明します。

「受粉を促進させるハチが、農薬により死滅します。結果、受粉が鈍化し、農作物の収穫量は減少してしまうのです」

「農薬を使用することで、実は増えると思われていた農作物の収穫量が減ってしまう」という本来のメッセージを伝えるというゴールのために、因果関係が遠くに感じる「ハチ」を、あえて要素として先に説明の中に入れ込んでしまうのです。

聴き手に達成させたいことは何かという**ゴールから逆算しつつ、聴き手にとって必要な情報を間に挟んで伝えていく**ことで、よい説明になっていきます。

即効フレーズ

- **「実は、○○の本当の原因は、……」**
- **「○○の原因の正体は、……」**
- **「□□って、○○が本当の原因なんです」**

パターン2

第3の因子（真因）を見つける——「化学が苦手」は「国語が弱い」から

パターン２「第３の因子（真因）を見つける」は、それまで聴き手の中で因果関係にあると思われていたことに、まったく別の第３の因子（これを真因と呼びます）が潜んでいた場合に使える説明です（図５－１）。

たとえば私は、予備校で受けもっているクラスの生徒から、

「数学が苦手なので、化学の計算問題が解けないんですけど、どうしたらいいですか？」

という相談をよく受けます。このとき**生徒は、「数学が苦手」を原因、「化学の計算問題が解けない」を結果**として捉えています（図５－２）。

しかし、実際の受験化学で必要とされる高校数学というのはほんの一部で、それ以外の高校数学のスキルはほとんど必要ありません。

つまり、**「数学が苦手」であることは、「化学の計算問題が解けない」ことの原因とは考えにくい**のです。それでは、どんなことが本当の原因として考えられるのでしょうか？

[図5－1]

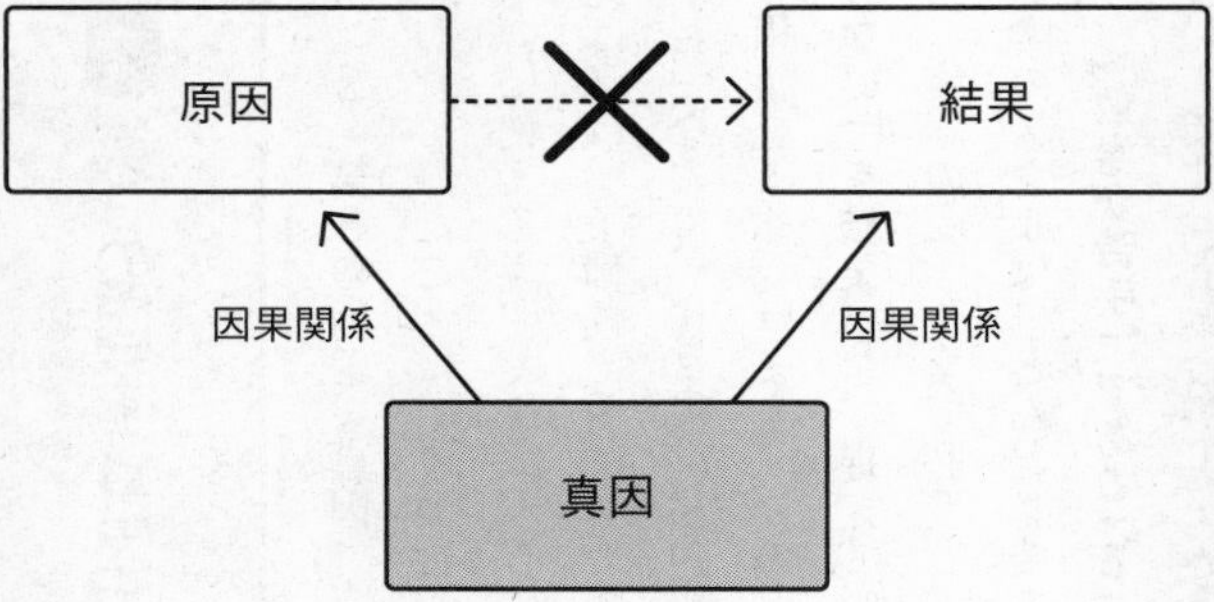

私がこれまで2万人以上の生徒を見てきた経験からいうと、**化学の計算問題が解けない最大の理由の1つに「文章読解力の不足」**が挙げられます。

「文章読解力って、国語で必要なものでは？」と思う方もいるでしょう。もちろん、国語にも読解力は必要です。

ただ、化学の計算問題というのは、特に応用問題になればなるほど複雑な実験操作や細かな条件設定などが入ってきて、問題文章が長くなる傾向があります。

そのため読解力がないと、「結局、なんの計算をすればいいのか」「問題文章中のどの数値や情報を拾えばいいのか」、問題文章を読んでもわからないのです。

[図5−2]

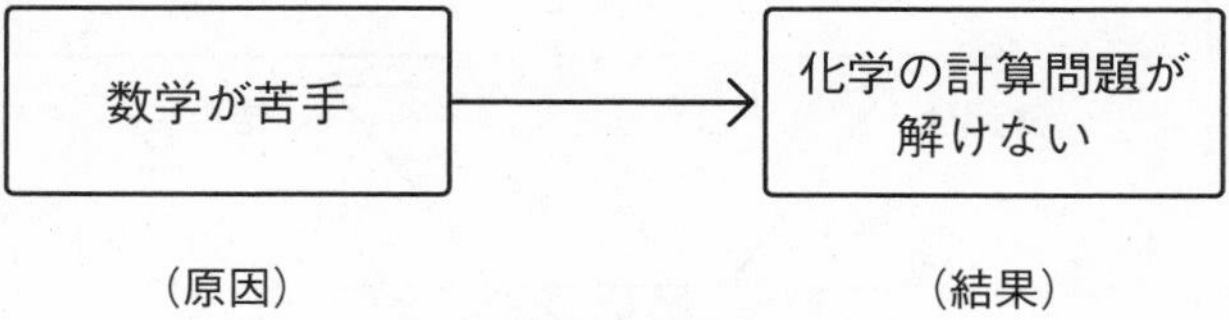

また、これは数学科の講師に聞いた話なのですが、どうやら数学でも同じ傾向があるようです。

数学が苦手な生徒の中には、問題文を正しく理解できていない生徒が珍しくなく、問題文の読み取りミスで失点してしまうことが多々あるそうです。つまり、**文章読解力の不足が原因で数学も苦手になっている**可能性が十分にあるということです。

これらのことを考えると、実は「数学が苦手」と「化学の計算問題が解けない」が因果関係にあるというよりも、むしろこの2つを引き起こす**真の原因＝真因が「文章読解力の不足」**であると考えるほうが自然ですよね（図5−3）。

［図5−3］

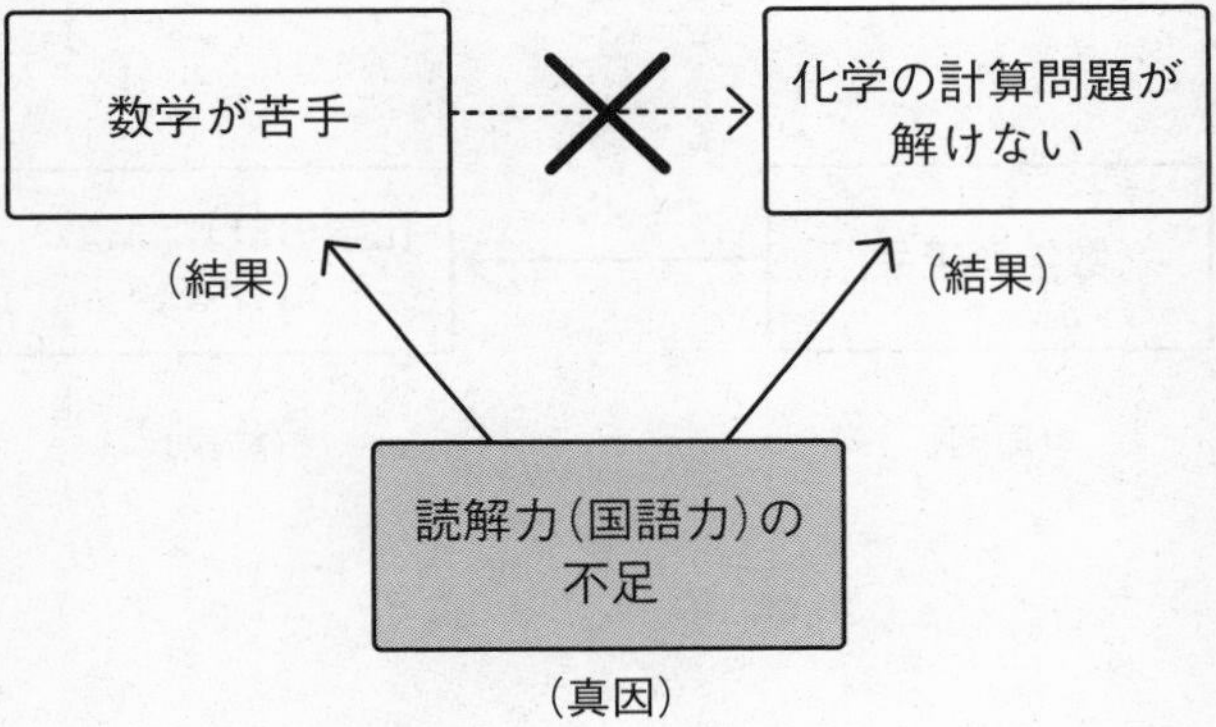

まずはこの「読解力の不足」という「第3の因子（真因）」の存在を明らかにしてから、問題文の文章読解力を上げるコツも合わせて説明すると、生徒の聴く耳は急にこちらに向くのです。

なお、「第3の因子（真因）」を見つける方法ですが、これはデータ分析などの技法を含め、かなり高度な方法もあります。ただ、ここでは、そういった**スキルを必要としないすぐに使えるコツ**を1つだけお伝えしておきます。

そのコツとは、**「A、Bを別々に考え、それぞれ原因となる要素を洗い出す」**ことです。そこで出てきた**共通の要素CがAとBの「第3の因子（真因）」となる可能性**

が非常に高くなります。

ポイントは、「別々に」です。AとBに因果関係があることを前提に考えてしまうと「第3の原因（真因）」は出てきません。それよりも、AとBがまったくの別物で、それぞれの原因が何であるかを分けて考えるのです。

前述の例でいうと、「数学が苦手（A）」と「化学の計算問題が解けない（B）」のそれぞれの原因を別々にできるだけ洗い出します。その結果、「文章読解力の不足」という共通の原因が出てきたときに、それを「第3の因子（真因）」と考えるのです。

これまで**水面下に潜んでいて正体不明だった真因が一気にあらわになった瞬間、聴き手の気持ちはどんどん高揚しワクワクしていく**のです。

即効フレーズ

- **「○○と△△は因果関係にはなく、実は□□が両方の真の原因だったんです」**
- **「○○と△△には、真の原因として□□があったんです」**

パターン3 因果関係を逆転させる——勉強するとやる気が湧いてくる

パターン３「因果関係を逆転させる」は、はじめ原因だと思っていたことが実は結果で、結果だと思っていたことが実は原因だったという場合に用いる説明です。

「ニワトリが先かタマゴが先か」というやつです。

たとえば、受験勉強においては、「やる気が出ないから、勉強できない。やる気が出れば勉強できる」と思っている受験生が少なくありません。つまり、多くの受験生は、

「やる気が出る」が原因で「勉強する」が結果だと捉えているということです。

確かに、やる気が出れば勉強できるかもしれません。もちろん、これは間違ってはいないと思います。

ただ、やる気が出にくい受験勉強においては、この因果関係が逆転することがあります。**勉強していたら、やる気が湧いてくる**。つまり、勉強すると（原因）、やる気が出てくる（結果）という関係性です。

これには「作業興奮」という明確な根拠があります。行動してから気分が乗ってくることを心理学の専門用語で「作業興奮」といいます。行動しているうちに、あとからやる気が湧いてくるのです。受験生にとっては、これまで「やる気が出る→勉強する」と考えていた**因果関係がひっくり返る**のです。

「やる気が出ないから勉強できないのではありません。勉強しないから、やる気が出てこないんです。なぜなら、……」

このように切り出すと、聴き手は「えっ!? 今まで思っていたことと真逆だ」とびっくりします。そう思わせることができれば、グッと関心を引くことができるわけです。

その驚きにかぶせるように、明確なロジックをつなげて説明を展開していくと、聴き手は「確かに！」と大きく納得してくれます。

即効フレーズ

・「実は、○○で□□が引き起こされていたのではなく、□□のほうが○○を引き起こしていた原因だったのです」

なお、因果関係を厳密に捉えていくのはかなり複雑な作業となります。たとえば、聴き手がこれまで原因と考えていたものは結果と無関係で、原因を取り違えていた場合、真因が複数存在する場合、原因と結果が相互作用の関係にある場合なども考えられます。

ただ、私がこれまで「因果の型」を使って説明したとき、やはり前述した3つのパターンで聴き手の興味・関心を大きく引くことができました。それは、理解がしやすかったり、与えるインパクトが大きかったり、説明の難易度のバランスを取りやすかったりするためです。

そのため、まずはこの3つの使い方をマスターすることを意識していただければと思います。

聴き手の因果関係に対する思い込みを、話し手の説明で書き換えることは威力絶大です。ぜひチャレンジしてみてください。なお、これは第7章で紹介する第5の型「破壊」にもつながる考え方です。

第6章

第4の型 カットダウン

聴き手の負担軽減

効果的な状況

会議、営業、日常生活、自己紹介

情報過多は聴き手のストレスになる

「よい説明とは一言でいうと、聴き手の知的好奇心をかき立てる説明です」

こんなふうに短く説明されたら、本書のテーマである「よい説明」とは何なのかがスッと頭に入ってきませんか。

聴き手が、あるネタについてなんとなく知っていて多少の興味はあるものの、膨大な情報を処理しきれずに消化不良を起こしていることは多々あります。

そこで話し手のほうで情報を必要なものだけに絞り、カットダウンして説明してあげるのです。**情報量が減ることで、聴き手はその情報を理解し、一気に記憶や習得をすることが可能**になります。

なお、「カットダウン」とは、削減や軽減という意味で、説明する情報量を減らしながら、聴き手の負担を軽減する意味を込めています。この「カットダウンの型」を使うことで、**聴き手が感じるストレスを最小限に抑える**ことができるわけです。

「これだけ押さえればいいんですよ」と伝えてあげることで、情報過多にうんざりしていた聴き手は「大助かり！」と、前のめりになって説明を聴いてくれるでしょう。

具体的にすべきことは、冒頭の一文のように「○○を一言でいうと、……」と説明に入れてみることです。それだけで聴き手は、その情報を積極的に自分の中に取り入れようとしてくれます。

即効フレーズ

- **「○○を一言でいうとね、……」**
- **「一言で○○を説明するとしたら、……」**
- **「この○○を一文で表現するとしたら、……」**

聴き手にとって未知のネタでも、この「カットダウンの型」は有効です。ただし、この型は、すでに聴き手に「情報量が膨大」と認識されているか、あるいは「理解が大変だ」と思われているネタの場合に大きな効果を発揮します。

たとえば、行動経済学で著名な「プロスペクト理論」に関する説明をカットダウンするとしましょう。

「プロスペクト理論とは、人々がリスクをとるときの選択をどうするかを説明する理論で、かんたんにいうと、人は得ることの喜びよりも、失うことへの不快感が強いというものなんです」

こう説明しても、「プロスペクト理論」をまったく知らない人にとっては、説明がカットダウンされたのかどうかもよくわからないでしょう。

つまり、**聴き手にとって未知のネタをカットダウンしても、ありがたみを感じにくいのです。**

そこで、聴き手にありがたみを感じてもらうためには、前置きとして次のような一言を添えてカットダウンしたことをしっかり印象づけます。

「しっかり説明すると1時間はかかる内容なんですが、……」

✓過剰なサービス精神は裏目に出やすい

話すネタやテーマは決まっているのに、**ついあれもこれもと話したくなるのは人の性分です。**特にサービス精神が旺盛な人ほど、その傾向は強くなります。

ただ、そのサービス精神は聴き手にとって必ずしもよいこととは限らないのです。

こと「説明」に関しては、「必要最低限の情報」で理解や気づきが得られるほうが、聴き手は価値が高いと感じるものです。懇切丁寧で膨大な説明よりも、シンプルでコンパクトな説明のほうが、聴き手のストレスは軽減されます。

さらに、**「聴き手が処理できる情報量」のキャパシティ（容量）は、話し手が思っているよりもずっと少ない**と思っておいたほうがよいでしょう。

つまり、**余分な情報を削ぎ落とした説明は、実はものすごく価値が高い**ということです。まさに、よい説明とは、カットし磨き上げられたダイヤモンドのようなものです。

「何を話すか」よりも「何を話さないか」

私が「予備校講師」に憧れを抱くきっかけになったのは、駿台予備学校で伝説とまで呼ばれた三國均《みくにひとし》先生の存在があったからです。三國先生は生前、次のようなことを話されていました。

「何を話すかよりも、何を話さないかを決めることのほうが重要だよ」

聴き手である生徒にとって価値ある講義にするためには、情報量を増やすのではなく、減らすことのほうが大切であると説いたのです。

予備校講師になりたての私は、当時、この三國先生の言葉の真意を理解することができませんでした。

「できるだけたくさんの知識や情報を話してあげたほうが、生徒は喜ぶのでは？」と思っていたのです。しかし、実際に生徒たちを引きつけようと説明を展開してみると、情報量を減らしたときのほうが、明らかに好反応なのです。

むしろ、限られたわずかな時間に知識や情報をめいっぱい詰め込んだ説明は、疎まれる傾向にありました。

生徒に直接ヒアリングしてみたのですが、ほとんどの生徒は「説明は手短にしてくれたほうがうれしい」といっていました。

私はそういった経験を通して、先の三國先生の言葉を少しずつ実感していったのです。

それでは、**ネタそのものの「質」は損なわず、情報量をカットダウンする**ためには、どのように説明を展開していけばいいのでしょうか。

方法1 抜粋――一部を切り出す

質を落とさず聴き手の負担を軽減する方法は、次の3つに分類できます。

【方法1】抜粋
【方法2】要約
【方法3】抽象化

まず、方法1「抜粋」から説明していきます。

これは、**話すべきネタから聴き手に優先的に知ってほしいことを切り抜いて提示**する説明で、ネタの総量が多いときに、より効果的なパターンです。

ここで「第2の型」として紹介した「対比の型」を思い出す方もいるでしょう。このカットダウンの型「抜粋」に対し、対比の型「選抜」では複数ある話のネタの中から対比させた上でベストなものを選び取るという違いがあります。

「抜粋」を説明に使うには、ネタの中で何を切り取るかを決める必要があります。

本書の「『よい説明』11の型」を例に考えてみましょう。

時間の制約などで、すべての型をお伝えすることが難しく、「カットダウンの型」だけに絞って抜粋して説明するという場合です。このとき、次のように説明すると、聴き手は内容をキャッチしやすくなります。

「『よい説明』の型は全部で11個あります。ただ、今回お話しするのは『カットダウンの型』のみになります。なぜなら、この『カットダウンの型』は、……」

このように、**これから説明していく内容が全ネタの一部分である**ことを示し、それを自分が**「意図して切り出してきた」**ことをアピールします。

この一言を入れておくだけで、聴き手は、大量にある情報の中から「カットダウンの型」をあえて抜粋したという認識を持って説明を聴くことになるので、**話のありがたみ**が増していきます。

即効フレーズ

・「今日は、時間が限られていますので、
皆さんに伝えたいことを1個に絞ってきました」
・「本当はすべてお伝えしたいのですが、時間の都合上、
今の皆さんにとってベストなものを1つに絞ってお伝えします」

✓正当な「言い訳」を用意する

ここで「抜粋」で説明しようとするときの注意事項を1つ、お伝えしておきます。
それは、聴き手に**「この人、わざと出し惜しみをしているな」と思われないようにすることです。**

前の例で説明すると、場合によっては聴き手が「この人、残り10個の型を出し惜しみしているな」と思ってしまう可能性があるということです。全部を話さず、一部だけ切り取って話していることに対して、聴き手が不信感を持ってしまうのです。

そういった状況を回避するためには、「カットダウンの型」のみを抜粋した正当な理由もセットにして説明します。たとえば、時間的制約や聴き手のメリットです。

具体的には次のようになります。

「全部で11の型がありますが、本日は『カットダウンの型』に絞ってお話ししていきます。

なぜなら、この型こそが今、皆さんが抱えている業務効率の向上に直結するからです。具体的には、他者とやり取りする情報量を、質を損なうことなくカットダウンすることで、時間や労力などのコミュニケーションコストを減らすことにつながるからです。

ですので、本日は『カットダウンの型』に焦点を当てて話を展開していきますね」

このように、時間的な制約や、**聴き手のためを思って**ということを正直に伝えることで、聴き手は「カットダウンの型」を抜粋したことに納得してくれるのです。

方法2 要約——ギュッと圧縮

方法2「要約」は、**話す内容を圧縮**する説明です。

方法1「抜粋」との大きな違いは、「抜粋」はネタの一部を取り出していくのに対し、「要約」は**ネタの全体像をキープしたまま削減する説明**であることです。

「抜粋」は話す内容を部分的に切り取っていることをアピールする説明、「要約」は全体を包括しながら行う説明と考えればいいでしょう。

「要約」を使った説明には、次のような前置きをつけるとわかりやすくなります。

即効フレーズ

- 「要するに、……」
- 「まとめると、……」

ネタをギュッと凝縮している説明だということが聴き手に伝わると、聴き手はそのネタの**全体像を把握できたような感覚**を持ちます。すると、自身の中に取り込むハードルが一気に下がって、**「自分にもできるかも！」「これはありがたい！」**という感覚を持ち始めるのです。

多忙な相手には「結論だけを伝える」

ビジネスでは常套手段ですが、「結論だけを手短に伝える」という説明手法もあります。これは、「抜粋」と「要約」の掛け合わせともいえる手法です。

話すべきネタの中で**一番伝えたい部分をいくつか抜粋し、それらを1つにまとめる**のです。

結論だけの説明は、「とにかく結論だけが気になってしまう」という**せっかちな人**や、「話の内容すべてを聴く時間はない」という**多忙な人**に特に喜ばれます。

結論を抜粋して要約した説明で聴き手を引きつけ、そのネタ自体に興味・関心を持ってもらうことを一番の目的にするのです。その上で、時間があれば、序論・本論にある根拠や具体例などをあとから追加し、さらなる展開をしていけばＯＫです。

このような手順をとると、聴き手はストレスなく説明を聴き入れてくれるのです。

即効フレーズ

・「一番伝えたいことは、……」
・「結論からいうと、……」
・「結局のところ、……」

要約のスキルアップにおすすめなのが**「要約サイト」の活用**です。

書籍要約サイト「flier（フライヤー）」をご存じの方も多いでしょう。1冊あたり10分ほどで要約を読めたり聴けたりするサービスです。このフライヤーに代表されるような、良質な要約サイトを使っていきましょう。

具体的には、自分が読んだ本を要約サイトで探し、サイトでの要約と本の内容を比べてみます。要約のコツがよくわかるはずです。書籍の要約を見たり聴いたりすることは、話し手としても学べることが多いもの。ぜひ一度試してみてください。

方法3 抽象化——「リンゴやバナナ」→「果物」

方法3「抽象化」の最大の特徴は、ネタの階層（レイヤー）を上げて行う説明だということです。具体的に説明していきましょう。

まず抽象化とは、たとえば**ネタがリンゴであれば「果物」、ネタがイヌであれば「動物」**といったように、**そのネタの上位概念を見つけていく**作業です。

そしてリンゴ・ミカン・バナナを説明するときに、すべてを上位概念の「果物」でくくって話すということがこの「抽象化」を用いた説明です。

「リンゴ、ミカン、バナナ」と説明するよりも、「果物」と説明したほうが情報量は少なくて済みます。つまり、ネタを抽象化し**1段レイヤーを上げて説明することで、聴き手に与える情報量をカットダウン**することができるというわけです。

方法2「要約」はネタのレイヤーを大きく変えずに情報量を圧縮しているのに対し、「抽象化」では、ネタのレイヤーを変えて情報量をカットダウンしています（図6－1）。

［図6－1］

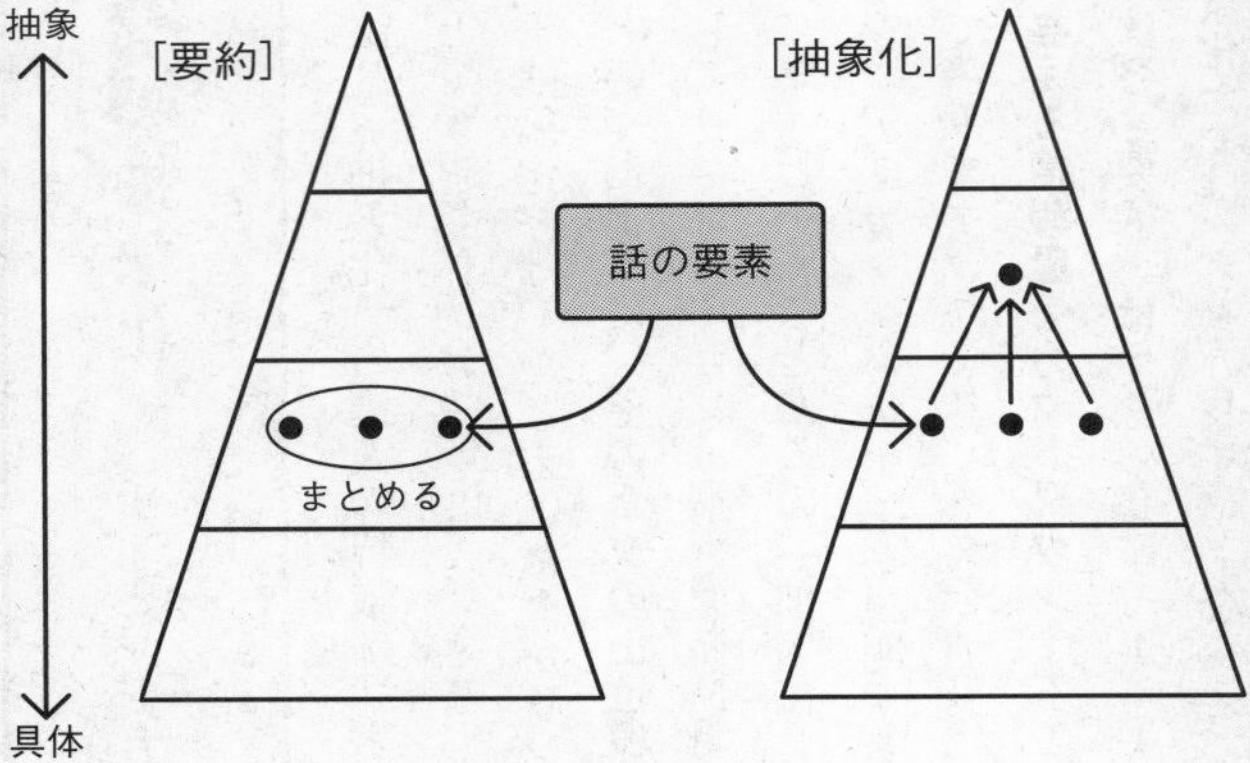

もっとも使いやすい抽象化は「分類」

それでは、どうやって説明に「抽象化」を取り入れていけばいいのでしょうか？

一番シンプルな方法は、「分類」です。リンゴ・ミカン・バナナを「果物」というカテゴリーに分類したり、カテゴリーやジャンルなどでひとくくりにしたりして説明するのです。理科の例で見てみましょう。

「ナトリウムは電気を流しますし、カルシウムも電気を流しますし、アルミニウムも電気を流しますが、リンは電気を流しませんし、硫黄も電気を流しません。ただ鉄は電気を流します」

こんな説明ではまどろっこしくて、聴き手はストレスを感じてしまいます。

そのため、次のような説明にします。

「金属であるナトリウム、カルシウム、アルミニウム、鉄は電気を流します。一方、非金属であるリンと硫黄は電気を流しません」

「金属」「非金属」という分類で抽象化しておき、そこから説明を展開することで、説明の総量をカットダウンできます。

抽象化したテーマやコンセプトを先出しする

「分類」以外にも、効果的な抽象化の方法があるかと問われれば、私は迷わず「話のテーマやコンセプトを一言で言い表す」と答えます。

詳細な説明を始める前に、その話全体のテーマやコンセプトをはじめに一言で伝えておくことで、**聴き手はそのあとの説明を受け入れやすくなる**のです。

まず、話の「テーマ」を告げてから説明を展開する例を挙げましょう。

先ほどの化学の例、さらにビジネスシーンの例で説明します。

「固体の電気伝導性について説明します。
金属であるナトリウム、カルシウム、アルミニウム、鉄などは電気を流します。一方、非金属であるリンと硫黄などは電気を流しません」

「人財育成について説明します。
人財育成には、プレゼン研修やマナー研修など業務外で集まって成長の機会を設けるOff-JTがあります。一方、営業に同行したりペアでプログラミングを行ったり業務と連動させながら成長機会を設けるOJTがあります」

説明を本格的に展開していく前に、「固体の電気伝導性について」「人材育成について」のようにテーマを一言で先出しします。そうすることで聴き手は、そのあとに伝えられる**情報や知識をスムーズに自分の中に取り込む態勢をつくることができる**のです。

説明コンセプトをつくるコツ

次に、「コンセプト」を告げてから説明を展開する方法についてお話しします。

どのようなコンセプトで説明すればうまく抽象化できるのか？　それは、**聴き手の頭の中に「1枚の絵」が浮かぶ**ようなコンセプトです。

絵やビジュアルというものは、**言葉以上に多くの情報**を持っています。聴き手が頭の中に絵を描くことができた瞬間に、1つひとつの詳細を口頭で説明しなくても済んでしまうのです。

たとえば、私が、企業の人事担当者に「説明スキルアップ研修」の営業トークをする場面を例にしましょう。研修を説明するときに、こんなふうにコンセプトを伝えます。

> 「『……で、結局、何がいいたいの？』と相手にいわせないようにするために、説明スキルを向上させることを目的とした研修です」

この一言を加えるだけで、人事担当者は頭の中に「結局、何がいいたいの？」といわれている自分をイメージしながら、「それは確かに避けたいな」と思うわけです。

細部に注目せず「本質」を突く

ここからは、少し難易度が上がります。聴き手がまだ気づいていない物事の「本質」を突くことも、「よい説明」をするためには非常に効果的です。

これができると、情報量をカットダウンできるだけでなく、**聴き手が新たな視点を獲得できます**。そのため**少ない情報量にもかかわらず、聴き手は「自分の知識量が増えた」と強く実感**するのです。

理科の予備校講師として、学生から社会人まで多くの方々からよく訊かれる質問があります。それは、「高校で扱う物理学・化学・生物学・地学の違いはなんですか?」というものです。このとき私は、次のように答えることにしています。

「この4つの科目の違いは、取り扱う粒子の大きさの違いです」

大雑把にいうと、物理学では素粒子～原子まで、化学では原子～分子まで、生物学では分子～生命個体まで、地学では個体～地球・宇宙までとなります。つまり、扱う粒の大きさが異なるのです。

もちろん、物理学や化学の場合には、粒子として扱うことができないエネルギーなども登場します。ただ、そういった細部に注目するよりも、専門的な用語を一切使わないようにして、**聴き手が一発でわかる本質的な捉え方を示す**ことのほうが、知的好奇心を刺激するためには重要なのです。

物事の本質とは、専門家からすればごく当然のことであったりします。一方、知識量の少ない聴き手にとっては、本質や大局観を織り交ぜた説明で、新しい視点の獲得につながります。

私自身が聴き手となって、ある説明に感銘を受けたことがあります。

それは自分の専門外である世界史を教養として少し勉強しようと思ったときのことです。ある日、知人の世界史の講師に「どうやったら世界史を最短で理解できるんですか」と尋ねてみました。するど相手はこう教えてくれたのです。

「世界史を理解するコツは、その時代の人たちが、どんな環境で、何に対して、どう考えているのかを知ろうとすること。結局、歴史は人の感情で動くものですから」

年代や人名を一生懸命に暗記するよりも、そのとき人々が置かれていた環境や起こった出来事に対する感情の変化を知ったほうが、歴史の大きなうねりを素早く理解できる――社会科目を暗記一辺倒のものとして考えていた私にとっては、この視点がとても新しく、世界史の見方が変わりました。

初学者の自分が**知識を習得していくことに対するハードルが一気に下がった**のです。まさにおもしろいと感じた説明でした。

話し手にとっては当たり前の情報や知識だったとしても、こうした大局観を聴き手に説明してあげることは、**話し手が思っている以上に聴き手をワクワクさせる**のです。

悪用厳禁！　ダークサイド的スキル

最後に、この「カットダウンの型」を使ったダークサイド的なスキルをお伝えしておきます。先にお断りしておきますが、効果が凄まじいので、悪用は控えるようにしてくださいね。これは、次の3つのステップで行っていくものです。

【ステップ1】あえて、大量の情報を聴き手に与える
【ステップ2】聴き手が情報過多でストレスを感じる
【ステップ3】その瞬間に「カットダウンの型」を使って、ストレスを解消させる

なぜ、これがダークサイド的スキルなのか？
実は、このステップで説明するだけで、ほとんどの聴き手があなたに感謝したり好意を持ったりするようになるからです。

要は、わざと聴き手にストレスをかけ、そのストレスを話し手自らが取り除いてあげるということです。まさに**確信犯的な自作自演の説明ノウハウ**なのです。

これは、次のようなフレーズを使うと効果的です。

即効フレーズ

・「これまでの話を一言でまとめますと、……」

・「これまでにお話しした○個のノウハウを1つにまとめると、結局、××だけすればいいということになります」

こう話すだけで、聴き手は「ひとまとめにしてくれて、本当にありがとう」とあなたに感謝してくれます。

たとえば、数十ページもある資料を使って企業研修をした際、最後にこう伝えるのです。

「今日は、歴史やメカニズムなども合わせて説明してきましたが、結局、この○○だけを知っておいてくださったら、今はなんら問題ありません」

「建前上、すべて説明しなければならなかったけれど、あなたにとって一番大切なことを1つに絞ったらこれです」というかたちで伝えることで、聴き手はとてつもない爽快感が得られ、話し手への感謝の気持ちでいっぱいになるのです。

なお、このダークサイド的なスキルを使う上での注意点が1つあります。

それは、ステップ1で説明する**大量の情報は、最終的にすべて聴き手にとって必要になるもの**だということです。逆の言い方をすると、最終的に必要ではない情報を大量に聴かされたと気づいたら、相手はどう思うでしょうか。

大量の情報を与えられてストレスフルになっている聴き手に対し、「実は○○だけ知っておけばよく、それ以外の情報は不要です」なんて伝えたら、「だったら、先にそれだけいえよ！」と激怒されるかもしれません。

そういった意味で、このダークサイド的なスキルは**諸刃の剣**ともいえるので、取り扱いには注意が必要です。

第7章

第5の型 破壊

説明による「理解のショック療法」

効果的な状況

営業、プレゼン、会議

聴き手の常識を「スクラップ&ビルド」する

地動説、ニュートンの万有引力の法則、アインシュタインの相対性理論、ダーウィンの進化論、ワトソンとクリックのDNA二重らせん構造の発見などなど……たった1つの新たな理論によって、それまでのさまざまなルールや法則があっというまにひっくり返されることがあります。まるで、オセロのように。

この章で紹介する「破壊の型」は、すでに聴き手の頭の中にある**「常識」や「ルール」をいったん壊し、そのあと一気に書き換えてしまう**機能を持っています。

一言でいうと「スクラップ&ビルド」。壊して建てること。「破壊の型」は、次の2段階で活用するものです。

[前半] スクラップ=聴き手が当たり前だと思っている「常識」を否定して破壊し、ショックを与える

[後半] ビルド＝そこを埋める新しい理論（本来の説明ネタ）をかぶせて再建する

最初に、聴き手にショックを与えます。「ガ～ン」「そんなバカな」と思わせるような感じです。

すでに30カ国以上で翻訳されていて、日本でもベストセラーとなった『ショック・ドクトリン』（ナオミ・クライン著、岩波書店）という書籍をご存じでしょうか。カナダのジャーナリストであるクラインはこの本で、危機的状況によってショックを受けた人々は、自分たちが不利になる経済政策などを受け入れやすいことを指摘しています。

意図的にいったん聴き手にショックを与えると、話し手の説明を受け入れやすい状況をつくることができるわけです。

この型は劇薬にはなりますが、身につけることで、聴き手を虜にすることが容易となります。

前半 スクラップでショックを与える

まず、ショックを引き起こすスクラップから考えていきましょう。

「破壊」のターゲットは、聴き手が当たり前だと思っている「前提」や「常識」です。

もちろん、天動説のようなビッグ理論でなくてかまいません。

世間一般で通説とされているようなことを、「それは違うよ」と伝えるだけでも、十分「破壊」になります。

今でも私の脳裏に焼きついている、「破壊」が使われた説明の例を挙げましょう。

「これまで、多くの人はコーヒーを飲むことが健康によくないと思っていました。心臓疾患のリスクが上がるとか、睡眠を乱すという意見が多くありました。

ところが、最近の研究では、適量のコーヒー摂取が心臓疾患のリスクを下げること、また、アルツハイマーや糖尿病といった慢性的な疾患から身を守る可能性があることが示されています。コーヒーは悪者ではなく、むしろ正義の味方といえるものなのです」

この説明の内容に対しては、専門家によっていろいろな見解もあるでしょう。ただ、ここで私がお伝えしたいのは、その「破壊」の使い方の秀逸さです。「コーヒー＝健康によくないもの」という思い込みや常識を真正面から否定（破壊）しています。その上で、コーヒーを摂取する**具体的なメリットもつけ加えられて**おり、説明として、素晴らしいと感じました。

私自身、寝起きのコーヒーが大好きで、コーヒーを摂取することに罪悪感を覚えていた人間だったので、この話はたった一度聴いただけなのに、今でもしっかりと記憶しています。

「知識を共有できていること」が大前提

「破壊の型」を使っていくときに気をつけるべきことが1つだけあります。

この型を使うときは、必ず破壊するもの（常識や慣習）の前提のすり合わせを先に行うということです。**聴き手が前提知識を共有できていないと、この型の本来の威力は発揮できない**からです。

先の例でいえば、コーヒーに対してまったく知識も関心もない人に、「コーヒーって、実は体にいいんですよ」と主張しても、この説明のおもしろみは感じられません。

聴き手がまったく知らないことに対して、「これまでとは逆の考え方なんだよ！」と主張しても、聴き手は理解できないからです。

つまり、この型を使う場合には、第2章でお話しした**「聴き手のプロファイリング」**をしっかり行うことが大切になってくるのです。

「小さな破壊」でも十分に効果的

ここで1つの疑問が浮かんでくるかもしれませんね。それは、「話すネタがある程度決まっている場合には、この『破壊の型』は使いにくいんじゃないか？」ということです。

確かに、当たり前のことや決まりきったことを話さなければならないときには、不向きな型のように思えるかもしれません。しかし実際には、**わずかな破壊でも必ず目に見える効果がある**のがこの型の特徴です。

ですので、小さくても、破壊ができないかと考えて、試してみてほしいのです。天動説から地動説へ、あるいは相対性理論の発見といった目を見張るような破壊を目指す必要はありませんし、そもそも困難ですよね。

たとえば、私が「破壊の型」を使っていておもしろい話だなあと思ったのが、ある経営者の講演です。

その経営者は、倒産しかかった自社を抜本的な人材育成改革によって年商数十億円以上にまでV字回復させた、まさに社内改革のプロフェッショナルです。

そんな方が人材育成をテーマに講演したときのことです。その講演で「人材育成とは何か」というテーマについて、次のように説明されていました。

「企業での人材育成は、通常、『人材育成＝①企業の業績の向上＋②個人の能力の発揮』といわれることが多いのです。つまり、①と②の足し算です。ただ、私がこれまで実践してきたことから、②の『個人の能力の発揮』を徹底的に行えば、実は結果として①は達成されるものだと考えています。ですので、弊社の人材育成では、個人の能力をまず高めることを優先して取り組んでいます」

この説明を聴いていて私がおもしろいと感じたのは、人材育成においては通常、①と②は足し算で考えられている※（①＋②）という前提を示した上で、それを壊して、そこに②が原因で①が結果になる（②→①）という新しい見方をかぶせていたことです。

※コトバンク（さまざまな辞書から、用語を一度に検索できるサービス）の「人材育成」の項目には、「企業の業

績向上と従業員の個人的能力の発揮との統合を目指す」という記載あり。

この事例から学べることは、仮にあなたの話すテーマと話すネタがある程度決まっていたとしても、**通説や常識の「破壊」を冒頭につけ加えるだけで「よい説明」になる**ということです。

破壊のターゲットは、大きな理論や常識でなくてもいいのです。こうした世間一般で考えられていることや通説、すでに聴き手が持っている考え方や認識などを、**部分的に少しでも破壊してみる**ことです。新たな視点を与える説明というのは、**話し手が思っている以上に聴き手にとっておもしろみが大きい**ものです。

即効フレーズ

・「これまでは○○と思われていたのですが、実は……」

「前提を壊す」というスクラップ

それでは、続いて「破壊」を実践するときのコツです。

私は、聴き手の「ショック」を最大化するために、前半の「スクラップ」を以下の2つの手法のいずれかで行うことをおすすめしています。

【スクラップ1】前提を壊す
【スクラップ2】逆張り

まず、スクラップ1「前提を壊す」から説明していきましょう。

聴き手にショックを与える手法で、もっともシンプルなのがこの「前提を壊す」です。

有名なのは**「コロンブスの卵」**。こんな話でした。

「新大陸への到達なんて誰でもできる」と中傷されたコロンブスが、「じゃあテーブルの上に卵を立ててみてください」といったところ誰もできなかった。そこでコロンブスはその卵をテーブルの上でグシャッと潰して、卵を立ててみせました。

あとから結果だけ見たら誰でもできたかもしれないと思ってしまうような、何でもないことだったとしても、**「卵を割ってはいけない」という皆が勝手に思い込んでいた「前提」を壊す**ことの重要さを説いた逸話です。

このコロンブスの卵を見て周りがショックを受けたように、前提を壊す説明をすることで聴き手にショックやひらめきを与えることができます。

たとえば、ダイエットに勤しんでいる女性に対して、

「あなたのやっているそのダイエット方法、そもそも女性には不向きな方法なんです」

このように、前提を破壊してショックを与えます。

破壊すると聴き手の頭の中にぽっかりとブランク（空白）ができるので、後半の「ビルド」で**自分の説明や主張をそのブランクに投げ入れやすくなる**のです。

「そこで、女性に特に効果を発揮しやすいダイエット方法を、私が開発したのです」

こう説明をたたみかけていくことで、頭の中に新鮮な考え方が生まれたり、新しい視点を持てたりするようになった聴き手は、こちらが思っている以上に耳を傾けてくれるでしょう。

ここで**もっとも効果的なフレーズは次の2つ**です。これらの言葉には、とてつもないパワーが秘められています。

即効フレーズ

- **「そもそも、……」**
- **「実はその前提が間違っていて、……」**

たとえば、私は塾の生徒や親御さんに、

「そもそも、現時点での模試の偏差値は志望校を選ぶ上で基準にならないんです」

このように話すようにしています。これを聴いた生徒や親御さんたちは、最初、キョトンとした顔をします。

生徒や親御さんの多くは模試の偏差値に頼りがちですが、実際の大学入試の合否はその大学の入試問題の得点によるものです。模試と実際の試験は出題傾向や形式が異なり、模試の結果だけで合否を憂うのはナンセンスなのです。

特に、現役生においては、学校でのカリキュラムにばらつきがあり、かつ、伸び代が十分にあるため、**模試の偏差値は参考程度にするくらいがちょうどいい**のです。

こういった実体験も含め、「偏差値信仰は悪」という考えを生徒やその親御さんに説明すると、**「考え方が変わりました」**とおっしゃる方が多いのです。話し手側が思っている以上に、前提を壊す説明は、聴き手の心を大きく動かすということです。

「世間の逆をいく」というスクラップ

続いて、聴き手の「ショック」を最大化するための「スクラップ」の手法の2つ目、スクラップ2「逆張り」について説明します。

この「逆張り」は、具体的には以下の2ステップで行います。

【ステップ1】世間一般の認識を探って、自分の主張とずれているところを見つける
【ステップ2】ずれているところを利用して、世間の人とは逆の主張を唱える

まず、ステップ1では、話すネタの中にある自分の主張が世間一般の認識とずれているかどうかということを探ります。そこにずれがないのであれば、わざわざ逆張りする必要はありません（むしろ、できません）。

一方、少しでも世間一般の認識とあなたの考え方にいい意味でずれているところがあるのなら、それはチャンスです。**「それって、なんかおかしくないか」——そう思うところがあれば、そこにフォーカスする**のです。

たとえば、新型コロナウイルス感染症（COVID19）のパンデミックが起こった際、周囲はしきりに「これからは、オンラインコミュニケーションが主流となる」といっていたのですが、私の考えは少し違いました。オンラインコミュニケーションが広がれば広がるほど、人はリアルなコミュニケーションの重要性や価値を見出しやすくなると思ったのです。「やっぱり、直接会うっていいな」と。

だからこそ、オンラインとオフライン（リアル）をブレンドした「ハイブリッド型コミュニケーションが今後の主流になる」と考え、各方面でその主張をしてきました。その主張はとても反響が大きかったのを今でも覚えています。

次に、ステップ2です。世間一般の考え方と自分の考えがずれているところに絞って、逆張りします。

たとえば、「どんどん転職しよう！」という風潮が世の中に蔓延していて、「それはなんか違うな」と思ったら、「みんなで会社を盛り上げよう！　これからは新規事業だ‼」

といった考え方を示すのです。

ある考えなどに反発してエネルギーを一方向に向かわせるという意味では、第2の型「対比」でお話しした、強大な悪や不便などの「仮想敵」に立ち向かわせる考え方にも近いと思います。

なお、このとき、自分の説明を展開する前に必ず、次のようなフレーズで、**世間一般での考え方と、自分が話す内容の中にある新しい視点をセットにして説明**してください。

即効フレーズ

- **「一般的には○○と考えられているのですが、……」**
- **「普通、○○だと思いませんか？ でも実際には、……」**
- **「確かに○○と思われるのもわかります。しかし、……」**
- **「そう思うのも当然です。その上でなのですが、……」**

後半 ビルド（再建）で本来の説明ネタを展開する

「破壊の型」の後半「ビルド」について説明していきましょう。「前半の破壊を埋める新しい理論（本来の説明ネタ）をかぶせての再建」です。

ここでは話し手であるあなた本来のネタを説明してください。前半のスクラップがすでに完了しているので、この時点で聴き手の頭の中は更地の状態です。

そこにあなたの新しい理論（本来の説明ネタ）を建てるのは容易なはずです。もちろん、ここでいう新しい理論というのは、話し手自身が目新しさを感じていないネタでも大丈夫です。

大切なことは、聴き手が「新しい」と感じることなのです。そう仕向けるために前半のスクラップが必要だったのです。

そして、**最後の念押し**です。ここがとても大事です。

このビルドの段階では、話し手の主張や新たな情報を、聴き手に納得させるための説明を中心に行います。ここでは、論理的な説明だけでなく、**証拠などの裏づけや事実**もセットで提示していく必要があります。

「なぜ、その新しい考えを取り入れる必要があるのか？」「それって、本当？」といった、聴き手に湧き起こる疑問に対してこれまでの古い考えを新しい考えに入れ替える正当な理由や根拠を説明していくのです。

ここで活躍するフレーズとしては、次のようなものがあります。

即効フレーズ

- **「なぜなら、……」**
- **「どうしてかというと、……」**
- **「事実、〇〇ということがあったからなんです」**

ありきたりではありますが、このような前置きをしっかり添えて、自前の主張を確実なものとして展開していってください。

なお、私はこれまで1000人以上の経営者、ビジネスパーソンの説明の手法を研究してきましたが、おもしろくて知的好奇心を刺激するようなよい説明のできる人は、「逆張り」を使うときビルドまでしっかり行っています。

裏を返せば、**話がつまらなくなったり、胡散臭くなってしまったりする原因の多くが、「スクラップ止まり」**なのです。このビルドを怠ると、世間一般の考え方をただ否定しただけになってしまいます。下手をすると、聴き手の反感を買う可能性すらあります。

主張がない中途半端な逆張りはかえって逆効果です。スクラップで聴き手の頭の中にあるものを破壊したら、ビルドで必ず聴き手が納得できるロジックや裏づけをセットにして説明するようにしましょう。

「破壊」のヒントは日常に潜む

世の中とはおもしろいもので、振り子のように揺り戻しが必ず起こります。**どちらかに振れたあとは、必ずその逆に振れる**ようになっています。

たとえば、**デジタル至上主義からアナログ回帰**です。

テクノロジーの進化とともに、私たちの生活にはスマートフォンやタブレットが普及し、情報収集からエンターテインメントまでデジタルが中心となってきました。ただ、ここ数年でアナログの魅力を再発見する人が増えてきています。紙の書籍や絵本、アナログレコード、手書きのノートや手紙など、デジタルとは異なるアナログの深みやぬくもりを求める動きが広がっています。

また、少し前からの話になりますが、**速度至上主義からスローライフへの転換**も起きています。

現代は情報の高速化や即時性が求められる時代で、多くの人が忙しい日常を送っています。そんな中、ストレスや過労が社会問題となり、ゆったりとした時間を持つことの大切さが再評価されています。スローフードや瞑想、ヨガなど、ゆっくりとした時間を大切にするライフスタイルに大きな注目が集まっています。

もちろん、ここまで大きな揺り戻しでなくても、世の中では大小関係なしに常に揺り戻しは起きています。

そして、**世の中がどちらかに振れているときが、実は「逆張り」のチャンス**なのです。

だからこそ、小さくてもつぶさに揺り戻しの芽を見つけ、逆張りで説明できるネタはないか、あるいは偏っている常識を壊すことができないか、そういったことを考えてみるのです。

そうすることで、「破壊の型」は必ずすぐに使いこなせるようになるはずです。

第8章

第6の型 ニュース

食いつき度アップ

効果的な状況

会議、プレゼン（の冒頭）

人は「新しいもの」が大好き

20〜30代の7割以上が電話恐怖症？ 都内IT企業が実態調査

20〜30代の7割以上が電話に苦手意識を持っている――。こうした状況が、東京都中央区のIT企業「ソフツー」が行った「電話業務に関する実態調査」で明らかになった。同社は「ネット交流サービス（SNS）のメッセージ機能が普及して電話で話す機会が減少したことで、『電話恐怖症』に陥っている若者が増えているのでは」と分析している。

（2023年11月13日「毎日新聞」）

なぜこの記事をご紹介したのかというと、本書で扱っているテーマでもあるコミュニケーションに関するニュースだからです。

今回、ご紹介するのは「ニュースの型」です。ニュースというものは、多かれ少なかれ、聴く人、読む人の興味・関心を引きつけるという性質があります。**聴き手にとって未知のネタを説明する際は、何らかの「ニュース」と抱き合わせて説明することで、興味・関心を示されやすくなる**のです。

少し話は逸れますが、新しい機種や商品に引かれる人は多いですよね。家電や書籍の新商品に目を向けることは、日常のあちこちで見られます。これは、**新しいものに注目が集まる**ことの1つの証明といえるでしょう。

ドイツの哲学者ショウペンハウエルは、その著書『読書について』（岩波文庫）で次のようなことを述べています。

「一般読者は、（中略）新刊書だけを読もうとする（中略）彼らは新刊書でありさえすれば飛びつき、偉大なる精神から生まれた古典は、書架に死蔵しておく」

つまり、古くから人は新しい情報や知識に興味を持っていました。この傾向は人の本能で、これを**「拡散的好奇心」**といいます。

この好奇心は人の進化の中で培われてきたものだと考えられます。狩猟採集時代の人間は、最新の情報を持っていることが生存に直結しており、この習慣は現代の私たちのDNAにも引き継がれているのではないでしょうか。

現代人にとっては、最新のニュースを知らないと周囲の人たちとの共通の話題についていけなかったり、教養がないと思われるのではないかという恐怖心もあるでしょう。最新の情報を知っていたり、最新版のモノを所持していたりすることは、なんだかカッコいいと思う気持ちもあるかと思います。こういったことを含め、私たちは最新の情報や知識に大きく関心を寄せる傾向が強いといえますよね。

そのため、聴き手にとって未知のネタを説明するときに、この「ニュース」を利用するのです。たとえば、次のようなフレーズを用いるとニュース性を出すことができます。

即効フレーズ

- **「先週、○○があったのですが、……」**
- **「今日、ここに来るときに、○○なことがあったのですが、……」**
- **「最新の研究では、……」**

いきなりネタから話し始めるのではなく、**説明すべきネタ（メインメッセージ）に関連したニュースから始めたほうが、聴き手が能動的に話を聴く**可能性が高まります。

「ニュースの型」を使いこなす2つの手法

「ニュースの型」を使うときに大事なルールがあります。

それは、**メインのネタとそのニュースの間に、関連性が必須**ということです。単に、朝の情報番組で流れていた時事ネタを出しても、本来説明すべきネタとのつながりがなければそのニュースを使う意味がありません。

説明すべきネタと乖離したニュースは、話の流れを断絶させてしまうため、ニュースだけは能動的に聴いてもらえたけれど、ネタを聴くときには気持ちも理解度もすべてリセットされるということがよく起こります。そのため、「ニュースの型」を説明に用いる場合、次の2つのいずれかの手法を用いて、ネタをおもしろく説明していくのです。

【手法1】ネタと関連性が高いニュースを見つける
【手法2】ネタを抽象化してニュースに結びつける

[図8−1]

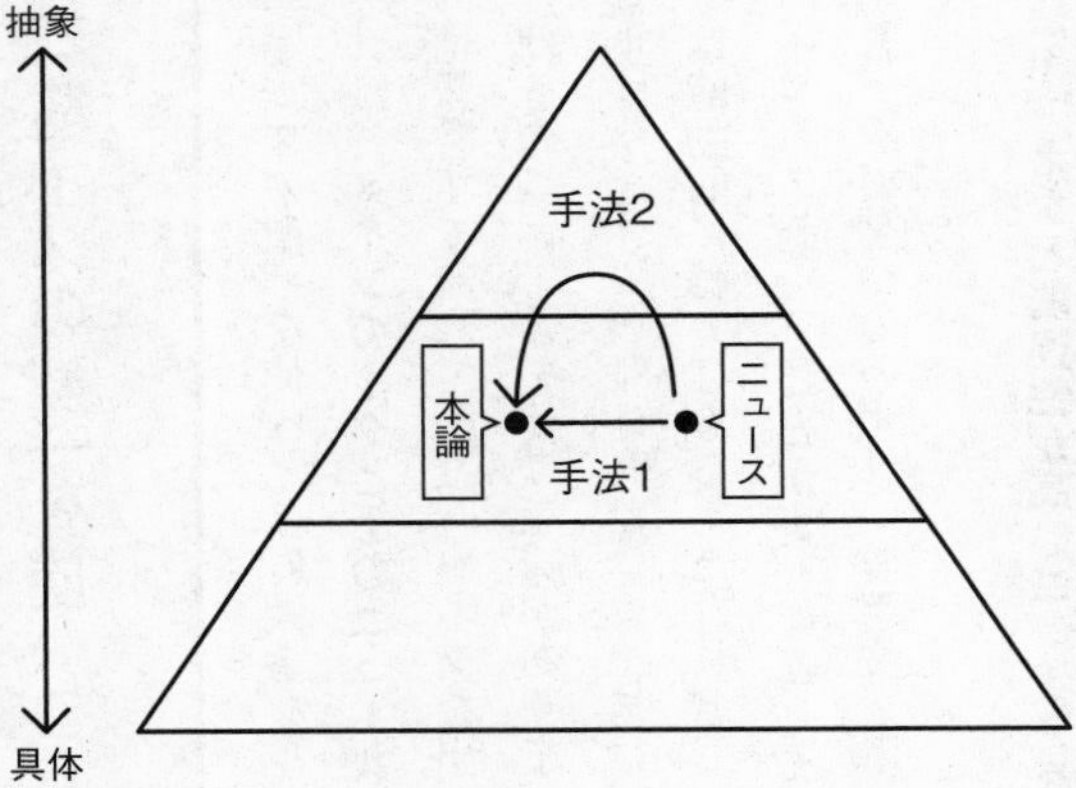

それぞれの手法におけるニュースとネタの関係性は、図8−1のようになります。

手法1はネタとニュースに直接的な関係性があるので、使いこなせるまでにそれほど多くの時間はかからないはずです。

一方、手法2は抽象化でレイヤー（階層）を移動させる手法なので、手法1に比べて使用する難易度が少し高くなります。そのため、**慣れないうちは、手法1から使う**ことをおすすめします。

手法1 ネタと関連性が高いニュースを見つける

さっそく手法1から見ていきましょう。これは、「説明すべきネタに直接的に関連した最新ニュースを、インターネット検索や朝の情報番組などで探す」ということです。たとえば、本章冒頭のコミュニケーションに関するニュースは、このパターンで探して入れ込んだものです。このニュースを手法1で説明に用いる場合は次のように始めます。

「今月、若者の7割が電話に苦手意識を持っているという調査データが出たのをご存じですか？　これは、実は本日お話しする内容に大きく関係しているのです」

私は会議やプレゼンで何らかの説明を自分がしなければならないときは、移動の電車の中などで**その日の説明内容のメインテーマや冒頭部分に関わるキーワードを入れて**

ネット検索する習慣をつけています。そこから、企業の商品開発のリリース情報や大学の研究成果などのニュースを仕入れます。

なお、**グーグル検索であれば、「ニュース」というカテゴリーに絞って検索**するともっともやりやすいと思います。**学術論文であれば、「J-STAGE」**などのサイトで新着順にヒットさせることもできます。英語が読める方の場合は、**「Google Scholar」**などのサイトで海外の研究論文を検索して話に盛り込むことで、説明に知的さを倍増させることができます。

次のようなフレーズで、検索した最新ニュースを冒頭に伝えてみてください。

即効フレーズ

- **「今朝のテレビニュースで○○（メインメッセージの具体例）を観たのですが、……（そのままメインメッセージにつなげる）」**
- **「実は、この○○については、つい先月、アメリカの□□大学の研究機関で実証されたのです」**

手法2　ネタを抽象化してニュースに結びつける

続いて、手法2です。これは、「説明すべきネタを抽象化しておいて、それを最新ニュースに結びつける」ということです。

たとえば、「説明のスキルアップ」をテーマにした企業研修で、そのテーマに興味・関心がほとんどない受講生に向けて話をする場面を想定します。本章の冒頭のコミュニケーションに関するニュースを活用して、次のように始めます。

「今月、若者の7割が電話に苦手意識を持っているという調査データが出たのをご存じですか？　これはコミュニケーションにおけるスキルやマインド、ツールなどが組み合わさった総合的な変化を表していると考えられますが、このことと、今回お話しする、人間の〝説明の技術〟には大きな共通点があるのです」

[図8－2]

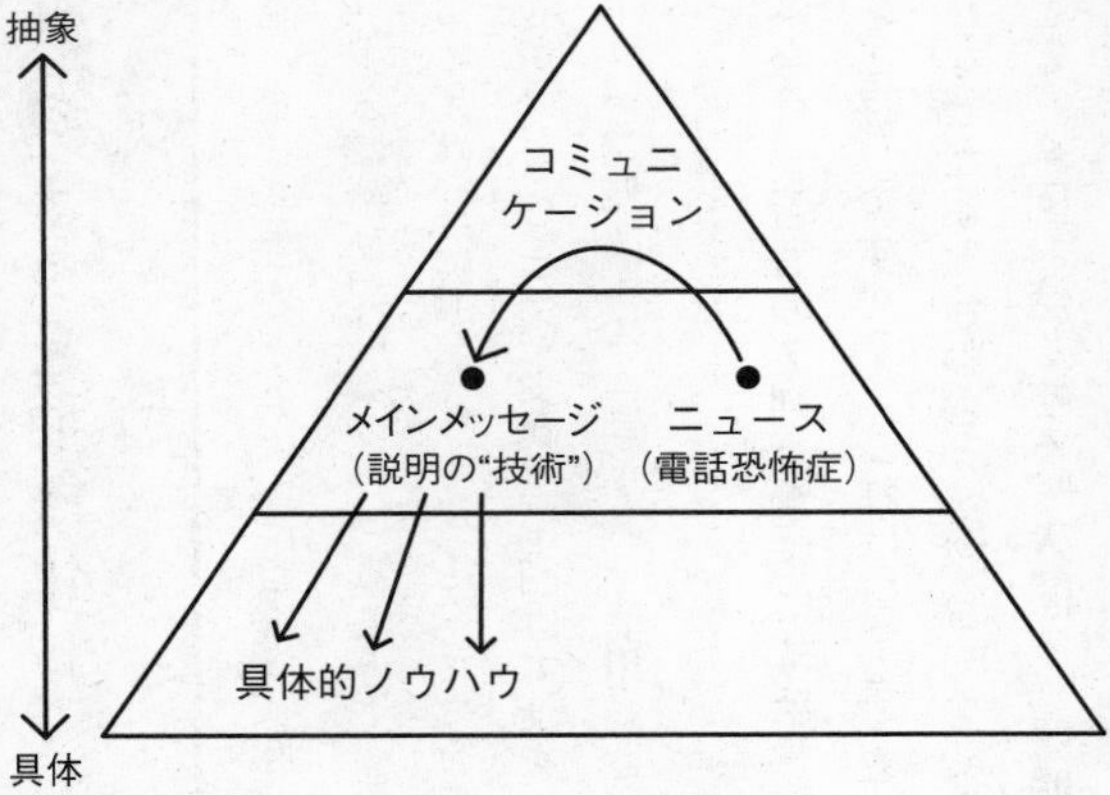

なかば強引に感じる方もいるかもしれませんね。

ただ、ここで私がお伝えしたいことは、ネタが「説明のスキルアップ」なのに、「若者の7割が電話恐怖症」というニュースを冒頭に入れるだけで、聴き手が興味・関心を持ちやすくなるということです。

これが、**「ニュースの型」の真骨頂**です。

なお、どう「抽象化」したのかというと、ニュースとメインメッセージをそれぞれ「コミュニケーション」というキーワードで抽象化しています。

研修のメインメッセージである「説明スキル」と「デジタル技術」の共通点として情報伝達をピックアップし、コミュニケーションの話題として抽象化したのです（図8－2）。

即効フレーズ

・「今朝のTVニュースで○○（メインメッセージの抽象化につながる）を観たのですが、これは、△△（抽象化）という点で、□□（メインメッセージ）と同じなんです」

「ニュースの型」使用の注意点

最後に、この「ニュースの型」を使うときの注意点を3つお話ししておきます。

【注意点1】ニュースが「ニュースである」ということを明確に伝える
【注意点2】理解に時間を要するニュースは取り上げない
【注意点3】ネタがすでに聴き手と関わりがあるなら、ニュースは入れない

✔【注意点1】ニュースが「ニュースである」ということを明確に伝える

まず注意点1です。

取り上げるニュースが「ニュースである」ということを聴き手にしっかりわかってもらう必要があります。「ニュースである」ことを最初にきちんと伝えておかないと、聴き手は新しいものか古いものかもわからない、ただただ無関係で知らない話をしばらく聴かされていると感じてしまいます。

そのため「ニュースである」ということを明確にするために、**「今朝」**や**「昨夜」**、**あるいは「最新の〜」といった前置きを必ずつける**ようにしましょう。

❯[注意点2]理解に時間を要するニュースは取り上げない

続いて、注意点2です。抱き合わせるニュースは、気軽に読める**ネットニュースのような比較的理解しやすいものを選ぶ**といいでしょう。

これは専門家が陥りやすい落とし穴なのですが、前提になる知識やある程度の専門性がないと理解できないニュースを、説明すべきネタに抱き合わせてしまうことがあります。

こういった難易度の高いニュースを提示された場合、聴き手のエネルギーはそのニュースを理解することにすべて注がれてしまいます。その結果、**話し手が真に理解してほしいネタに対する注意が乏しくなりやすい**のです。

❯［注意点3］ネタがすでに聴き手と関わりがあるなら、ニュースは入れない

最後の注意点3について説明します。

すでに聴き手が自分自身にとって深く関係しているということを自覚しているのであれば、わざわざニュースを使って興味・関心を引く必要はありません。ど直球にメインのネタを伝えていけばいいのです。

あくまで説明は、目的に向けて最短距離を、ということです。

以上、この3つの注意点を意識しながら、ぜひ「ニュースの型」を使ってみてくださいね。**比較的かんたんに使える型**の1つなので、短期間で飛躍的に「よい説明」のスキルが上がるはずです。

第9章

第7の型

希少性

「知りたい欲求」の創出

効果的な状況

営業、面接、日常生活

世阿弥も認めた「ここだけの話」が持つ威力

「今からお話しする内容は、一握りの人しか知らないものです」

この章でお話しする型は「希少性」です。「希少」とは、数量が非常に少ないことを指しますが、説明における希少性とはなんでしょうか？

私は、説明の希少性というものを、次のように定義しています。

「希少な説明＝他では聴けないここだけの話や、知っている人が少ない話」

そのネタを話せる人が少ない、限られた人しか教えてもらえない、めったにその話をしないなど、そのネタが希少になる理由はさまざまですが、そのネタに接触できる「機会」が非常に少ないことをアピールするのが「希少性の型」です。

希少性が「おもしろさ」に直結していることについては、かの世阿弥も『現代語訳風姿花伝』（水野聡訳、ＰＨＰ研究所）の中でこう述べています。

「中楽においても人の心に珍しいと感じられる時、それがすなわち面白いという心なのだ。花、面白い、珍しい。これらは三つの同じ心である」

中楽《さるがく》とは、平安時代に栄えた庶民の娯楽のための芸能で、「狂言」や「能」の前身です。そんな中楽を大成させたのが世阿弥です。

舞台芸能と「話をする」ことには、多少の違いがあるかもしれません。

しかし、**表現をして聴衆を魅了するといった意味では両者には通ずるところ**があり、世阿弥の言葉からも「珍しいということは、人の心を動かすおもしろさがある」といったヒントを得られると私は考えています。

「日本人の0・3%しか知らないことですが」

それでは、どのように表現すれば、ネタの「希少性」を演出できるのでしょうか?

もっともシンプルな方法は、このように直接的に前置きをつける話し方です。

即効フレーズ

- **「ここだけの話ですが、……」**
- **「まだ表に出ていない話なのですが、……」**
- **「ほんの一握りの人しか知らないことなのですが、……」**

ここで大事なことは、その知識や情報が**「本当に希少である」という事実**です。

「ここだけの話」といいながら、自分のSNSなどで公にしていたら、信用はなくなってしまいますよね。

あるいは、次のようなフレーズで、希少性を**数値で暗に示す方法**も効果的です。

即効フレーズ

・**「日本人の0・3％程度しか知らないことなのですが、……」**

・**「自社でも片手で数えられる人しか知らないことなんですが、……」**

さらに、**「禁止事項」として表現**する方法もあります。

即効フレーズ

・**「これからする話はまだ広まるとまずいので、他言無用でお願いします」**

・**「情報解禁になるまでここだけの話にしておいてくださいね」**

まだ外部に出回っていない希少なネタであること、あるいは外部の人に知れ渡るとリスクが高いネタであると匂わせることも、「希少性」を演出する手法の1つです。

また、**聴衆に質問する**ことで、その話の希少性を暗に示す方法もあります。たとえば、講演や研修といった複数人がいる場で、このように質問します。大人数での会議でも使えるでしょう。

即効フレーズ

- **「○○を知っている方、手を挙げていただいてもいいですか？」**
- **「○○を一度でも耳にしたことがあるという方、いらっしゃいますか？」**

手を挙げる人が少ないことは承知の上で、あえて全体に向かって質問を投げかけます。そして、**「知っている人がほとんどいないぞ」ということを、その場の全体に知らしめる**ことで、希少性をアピールできます。

「手に入れにくい」ことは価値

ところで、ネタに「希少性」を持たせると、聴き手の知的好奇心を刺激できるのはなぜでしょうか。「希少性」が人の心を動かす理由を、アメリカの社会心理学の権威であるロバート・B・チャルディーニはその著書『影響力の武器』（誠信書房）で、次のように説明しています（原文のままではなく、著者が要約）。

［理由1］手に入れにくいものはそれだけ貴重なものであることが多いので、ある商品や経験が入手しやすいかどうかが、そのものの品質を見極める手っ取り早い手がかりとなるから

［理由2］ある商品やサービスが手に入りにくくなるとき、私たちは「自由を失ってしまった」と感じるから。自由の喪失に反応して、自由に手に入る状態だったとき以上にそのものへの渇望が高まるため

これらがどういうことか、補足説明を加えておきます。

理由1について。情報過多の現代では、1つひとつの情報の価値や良し悪しを判断するのは容易ではありません。そんな中、私たちは、ある情報が入手しにくかった場合、それだけで「その情報は貴重である」と判断してしまいがちです。

つまり、**「希少であるかどうか」が話のネタの良し悪しを決める判断基準**になってしまう、ということです。

理由2について。「そのネタがもう聴けない可能性がある」と知ったとき、私たちは自由を失ってしまうと感じるのです。このとき、自由を取り戻したい気持ちが湧き、私たちはネタの希少性を知らされる前に比べ、**そのネタを強く欲してしまう**のです。

つけ加えるならば、希少なネタは、それを知るだけで**「優越感」を得る**ことができます。

聴き手は希少な話を聴いただけで、その情報をまだ知らない人たちよりも情報面で優位に立つことができるからです。

「この希少な情報を手に入れたら、他の人よりも優位に立てるかもしれない」という気持ちも、相手の「聴きたい欲求」を刺激する源になっていると私は考えています。

話し手にとってネタが希少であるということを、言葉でしっかり表現することは大切なのですが、だからこそ難しいと感じてしまう人もいるでしょう。

それもそのはず。**希少性というのは、そもそも「自分では気づきにくい」**という性質があるのです。次項で説明していきましょう。

「業界の常識」は宝の山

「ある業界やある職種で常識とされていること」には希少性が潜んでいることが多々あります。特に閉鎖的で、かつその業界の人数が少なく、その業界への人の出入りが少ない場合、外に情報が出ることは少なく、希少性は一気に高まります。

難しいのは、その業界にどっぷり浸かっている本人は、すっかり常識だと思ってしまっているがゆえに、それを希少なものだと自覚しにくいことです。

希少というのは、**外の世界と比べたときに初めて「希少」だと気づけるもの**なのです。

たとえば、予備校業界の給与システムです。

「予備校講師のギャラというのは、月給であることはほとんどありません。多くの予備校講師は、1年間での業務委託契約であり、さらに年俸でも時給でもなくコマ給（または分給）というもので決められていることがほとんどです。

これは、予備校講師の仕事は1時間（60分）単位ではなく、コマ単位であるからです。受け持つクラスによっては、その1コマの時間が50分だったり80分だったり、場合によっては120分だったりするのです。

また、授業を映像に収めて販売する場合、買取契約や印税契約を結んで、コマ給以外に収入を得られる場合もあります」


いずれにしても通常の会社員のように月給制でもなければ、定期的なボーナスも出ませんし、基本、退職金もありません。

このネタは塾・予備校業界では当たり前の話なのですが、以前、**会社員をしている友人に説明してみたところ、とてもおもしろがってくれました。**

もちろん、予備校講師という仕事の給与システムに興味・関心を示してくれるのは、一部の人たちかもしれません。ただ、聴き手に興味・関心を持ってもらおうと思ったら、自分がこれから話そうとしているネタに希少性があるかどうかを考える習慣を持つことは非常に大切なことなのです。

それでは、自分の説明に、希少性をどうやって見つけていけばいいのでしょうか。

「珍しさ」をはかる2つのステップ

たとえば「業界・職種特有の常識」は、実は希少性の高いネタである可能性が大きいのです。これを次のようなフレーズで説明すると、希少性が伝わるようになります。

即効フレーズ

- 「私たちの仕事では当たり前のことではあるのですが、……」
- 「業界外の人はあまり知らない話なのですが、……」

そして、その常識が希少かどうかは次の2つのステップでチェックします。

[ステップ1] 業界や職種の歴史・仕組みを調べる

[ステップ2] 他業界の人と話してみる

ステップ1

業界や職種の歴史・仕組みを調べる

まずステップ1は、「自分がいる業界や勤めている会社、職種の歴史や仕組みを調べてみる」ということです。歴史が長ければ長いほど、その業界・職種の特有の知識や情報の蓄積が必ずあるはずです。

大事なのは、改めて調べ直してみることです。

「うちの会社の創業はいつだ?」
「創始者は誰だ?」
「元々はどんな商売をやっていたんだ?」

——知っているようで知らない自社のことや、あるいは業界の暗黙のルールやあるあるネタでも十分です。

たとえば、予備校講師であれば、やたらチョークの種類にこだわる人がいたり、My指し棒やMyピンマイクを持ち歩く人なんかもいます(私も含めてですが)。

あとは、予備校は通常、4月から翌年1月までがとても忙しいので、2、3月にびっくりするくらいの長期休暇をフツウにもらえます。私は、4月から翌年1月まで1日も休まず働いて、2月中旬から3月上旬に丸ごと休みをもらっていました。

そんな働き方は私の中では当たり前でしたが、学生時代の友人などに話すと、非常に珍しがられます。

また、**斜陽産業などには、絶対にギャップを感じられるおもしろネタがある**はずです。

なぜなら、浮き沈みがあったぶん、たとえば業績がよかったときと悪かったときの経費の使い方などは時代によってまったく異なるはずだからです。

景気がよかったときは、社員旅行が海外だったり、みんなで歌舞伎を観に行ったり。タクシー移動も経費で落ちたのが、景気が悪くなってくると、そういったものがすべてカットされる上に、折れたチョークすらも黒板に書けなくなるほど短くなるまで使いまわさなくちゃいけない……なんてこともたくさん出てくるはずです。

業績を伸ばしていっているとき、業績が最高潮のとき、そして沈み始めたとき……、といったように時系列で眺めていくのです。

そうすると、各ステージには必ず希少でおもしろいネタが見えてくるはずです。培われた**知識やノウハウだけでなく、働いている人の人間ドラマ**なども含めてです。

業界の常識、職種の常識というのはこうしてつくられていくのです。

具体的な社名はあえて出しませんが、最近でいえば、業績不振で話題となっているマスメディアなども、ある意味で〝希少な常識〟の宝庫のはずです。

自分がこれから説明しようと思っている「業界の常識」は、これらのような歴史的背景や慣習、文化から生まれている可能性も往々にしてあります。そのため、まずは業界の歴史や慣習を調べてみることです。

ステップ2 他業界の人と話してみる

次に、ステップ2です。これは、「他業界・異業種の人たちと接点を持って、話してみる」ということで、第2の型**「対比」の応用**ともいえます。

話す内容（ネタ）に希少性があるかどうかは、相対比較で決まります。

相対比較というのは、たとえば海沿いの県では魚介類は当たり前のように手に入るけれど、内陸では流通の都合上、魚介類は足が早く、希少となるといったことです。

逆もまた然りで、漁村では手に入らないような珍しい山菜が、山あいの村ではかんたんに手に入ったりします。これは、県どうしとか村どうしで比べてみないとわからないことですよね。

このように、**希少性というのは相対比較をすることで初めて明確になる**ものなのです。

具体的にいえば、その業種特有のスキルは、業界内では当たり前でも、他業種の人からすれば喉から手が出るほど欲しいネタだったりします。

それなのに、いつも同じ業種や職種の人たちと一緒に過ごしていたら、周りが皆、同じ常識を持っているので、そのスキルが「希少」だということに気づきにくいのです。異業種の人たちと接点を持って初めて比較ができ、自分の持っているネタの希少性に気づくことができます。

自分たちが普段当たり前のように使っているスキル、たとえば広告代理店の方であれば、企画書作成・プレゼン・営業・プロジェクトを仕切るノウハウなどだと思いますが、それらは**他の業界の人たちから見るととてつもなく希少なネタ**です。

そのため、そういったノウハウを他の業界の人たちに向けて説明する機会があれば、次のようなフレーズで聴き手に「希少性」を感じさせてください。

即効フレーズ

- **「私たちの業界では珍しいことではないのですが、他業界の人にお話しすると、とても喜んでいただけるノウハウがあるのです。そのノウハウというのが、……」**

この言葉を頭に入れるだけで、聴き手の知りたい欲求を刺激することができます。

そもそもすべての人が「特別なオンリーワン」

「希少性の型」についてセミナーなどで紹介すると、「私はフツウの仕事しかやっていない。希少性なんて持っていません」とおっしゃる方がたくさんいます。でも、それは**ご自身を過小評価**しています。「希少性のある説明ができない人などいない」。私はそう考えています。なぜなら、その人が「経験してきたこと」は、多かれ少なかれ希少性があるからです。極端な話、**その人の経験の集積は人類80億人の中で必ずオンリーワンのネタ**です。まったく同じ経験をしている人は、この世の中にはいません。それは、仕事などの経験が浅くてもいえることです。

希少なネタを持っていないのではなくて、**希少なネタを持っていることに本人が気づいていないだけ**なのです。

たとえば、私が主催するセミナーの受講生に、Mさんという方がいます。彼女は旅行が趣味で、これまでさまざまな国へ旅行に行ったそうです。

そんな彼女が40年前にとある発展途上国に出かけたときのことです。

高級ホテルを堪能するだけでなく、現地の生活も知りたいという理由で、強盗に襲われる危険を冒してまで、その国の危険区域とされている街を歩いて回ったそうです。

私からお願いしてそこでの経験をプレゼンしてもらったのですが、その時代の現地特有の**生々しい情報ばかりで、非常にワクワク**しました。

私は彼女の経験（ネタ）を非常におもしろいと思いましたが、本人はまったくそう思っていなかったようでした。

これは、**ひどくもったいないなと感じた**ものです。

日本からの直行便のない国で、しかも危険区域であれば、情報の希少性は間違いなく高いはずです。それでも本人にとっては「ただの趣味の一環」に過ぎず、価値あるおもしろい経験だとはまったく気づいていなかったのです。

ここで「説明の大原則」を思い出してください。自分が行ったプレゼンや説明がおもしろいかどうかは、すべて聴き手が決めることです。

そのため、ここで紹介しているフレーズを使いながら**話のネタを小出しにし、聴き手が希少と感じてくれていそうかどうかを確かめながら、説明を進めていく**ことをおすすめします。

希少性を確認する方法としては、相手の顔に「へーっ」という**驚きや感嘆、意外そうな表情**が浮かべば当たりだと思って間違いありません。どストレートに、「○○を知っている方はいますか」といった質問をしてしまうのもいいでしょう。

裏技1　聴き手に競争を意識させる

最後に、希少性を高めるとっておきの裏技を2つご紹介しましょう。前述の『影響力の武器』を参考にして、私がフレーム化したものです。

【裏技1】聴き手に競争を意識させる
【裏技2】これまでの自由に制限をかける

裏技1は、「聴き手に競争を意識させると、希少性を感じる度合いが高まる」という原理を利用しています。競争相手のせいで、この話が聴けなくなることを匂わせます。

私はビンテージの古着が大好きで、時間があれば原宿や高円寺の古着屋に足を運んでいます。

その中でも行きつけの古着屋の店長さんがこんなふうにいうのです。

「そのリーバイスのXX（ダブルエックス）、昨日いらしたお客さんも気に入ってましたよ」

こういわれると、「ちょっとムリしてでも、このデニムを買いたい！」――そんな衝動に駆られてしまうものです。

説明の場合も同じです。競争相手のせいで自分が話を聴く機会を失ってしまうシチュエーションを示されると、人は「その話は何がなんでも聴きたい！」と思うものです。

たとえば、セミナーや講演会などでの**〝定員〟や〝人数制限〟は同様の効果**を発揮します。

「来月開催のセミナー、残席がわずか1席のみとなりました。そこでしか話すことのできないとっておきのネタをご用意しています。参加される方は、ぜひ楽しみにしていてください」

このように伝えると、聴き手は、「競争相手のせいで残席が埋まり、その話を聴けなくなってしまうかもしれない」と思うのです。

その結果、「その（聴けなくなる）事態はなにがなんでも避けたい」という心理になり、その話をより「希少」で聴きたいものだと感じてくれます。

当たり前のことですが、競合が存在することも残席が少ないことも、それが「希少だ」という情報は言葉にしないことには聴き手に伝わりません。

「希少性」を感じ取ってもらうだけで聴き手を引きつけることができるならば、**積極的に発信しておくに越したことはない**のです。

裏技2 これまでの自由に制限をかける

続いて裏技2「これまでの自由に制限をかける」です。

この裏技は、「それまで制限されていなかったけれど、これから制限されるものに人はより希少性を感じる」という原理を利用しています。

つまり、「これまではいつでも聴くことができた話だけれど、これからは聴けなくなる可能性がある」ことを示すことで、より一層、希少性を高める手法です。

ここでは、「これまでも限定で、これからもその限定が続く」ということよりも、**「これまでは限定ではなかったけれど、これからは限定になってしまう」ことのほうが人は希少性を感じる**ことを利用しています。

伝え方としては、たとえば、次のようなフレーズがあります。

即効フレーズ

・**「これまでは一般公開してきた話なのですが、今後は一般公開をやめて、一部の人にしかお話ししないつもりです」**

このように一言添えるだけで、聴き手に「近い将来、聴けなくなってしまうのなら、今のうちに！」と思わせることができます。

ただし、繰り返しにはなりますが、ここにウソがあると信用をなくしてしまいます。

ですので、希少性をアピールする際は、**誠実さを絶対に忘れない**ようにしてくださいね。

希少性をうまく演出することで、聴き手の期待感を高めて、ぜひワクワク感をつくりだしてみてください。

第10章

第8の型
伏線回収
聴きたくなる罠を仕掛ける

効果的な状況

プレゼン、営業、日常生活

ドラマや小説で大人気。ストーリーテリングに欠かせない

「さっきのアレって、この伏線だったのか……！」

推理小説やサスペンス系のテレビドラマでよく思いませんか？　そしてこのとき、とてつもない爽快感を感じませんか？　**頭の中の靄がすっきりと晴れた**ように。

「伏線回収の型」とは、説明の中に伏線を張り、その伏線を自ら回収することで聴き手にこのような感情を湧かせることを目的としています。

私自身、推理小説『ｍｅｄｉｕｍ　霊媒探偵城塚翡翠』（相沢沙呼、講談社）には本当に感動しました。発売時の帯には**「すべてが、伏線。」**というキャッチコピーがあり、それも話題となっていました。テレビドラマでは、「あなたの番です」（通称：あなばん）、「真犯人フラグ」など秋元康氏が携わるサスペンスものにも伏線とその回収がとても多く、いつも感心しながら観ています。

そもそも、伏線回収とは、物語やドラマなどで初めに設けられたヒントや未解決の要素（＝伏線）が、後の展開で明らかにされたり解決されたりすることを指しています。伝え手側からすると、意図通りに後の展開の中で活用するものです。

伏線を効果的に配置し、そのあとでしっかり回収することで、その物語は一貫性を持ち、読者や視聴者に深い感動や驚きを提供することができます。

特に、注目されない形で登場していた物事が、物語の後の展開で重要な役割を担うことで、受け手に大きなインパクトを残すことができるのです。

この伏線回収は、ストーリーテリングの技術の1つとして、物語の質を高める重要な要素となりますが、これは説明でも効果を発揮します。**スピーチや講演会、エンタメ感を入れたいプレゼン**などでは相手を引きつけるために特に有効です。

ただし、かっちりとしたビジネスシーンでは回りくどい印象を聴き手に与えかねないため、エンタメ感を入れる必要があるという**明確な目的がある場合に使う**ことをおすすめします。

「なるほど！」は「快感」なのだ

ここからはなぜ、説明で伏線回収が効果的なのか、伏線回収を説明の中にどう織り込んでいくのか、具体的なコツも含めお話ししていきます。

なぜ、伏線回収を説明の中に入れるのがよいのかというと、**聴き手の知的興奮を引き起こす**ことができるからです。これまでただの点と点だったものが、一本の太い線でつながるその瞬間を目の当たりにしたとき、脳の中ではニューロン同士が結合して、ドーパミンなどの快楽物質が放出されます。そう、人はつながるだけで快感を得られるのです。

これは、伏線回収に限った話ではなく、たとえば、「因果の型」でも同様のことがいえます。

原因と結果という点と点がつながることで、その瞬間に**「わかった！」「なるほど！」「そういうことだったのか！」**といったように、聴き手の中でワクワク感が爆竹のようにはじけます。

ステップ1
しっかりと言葉にして伏線を張る

この伏線回収はどのように説明の中に織り混ぜていけばいいのでしょうか。
「伏線回収の型」は、以下の2つのステップで行っていくと活用しやすくなります。

【ステップ1】しっかりと言葉にして伏線を張る
【ステップ2】満を持して伏線を回収する

ステップ1から説明していきましょう。まずは、**聴き手にインパクトを残したい内容から逆算**して、伏線としてヒントを出したり、ほのめかしたりします。

「この部分、〝あれ？〟と思ってしまうのではないでしょうか？」

「今の私の説明、スッキリしないでしょ」

このように、**「ここは引っかかる部分ですよ」と聴き手にさり気なくアピール**するのです。たとえば、新技術を紹介するプレゼンの中で、次のように伏線を張ります。目的は、のちに説明する「画期的な技術」に注目させることです。

「これまで誰も気づかなかった画期的な技術、実はこれが業界の未来を大きく変えるカギとなるのです」

ここで、聴き手は「『これまで誰も気づかなかった画期的な技術』って何だろう？」と意識が向かいます。しかし、話し手はその技術の詳細には触れず、業界の未来がどう変わっていくかなど他のトピックにいったん移行します。聴き手はその画期的な技術についていつ説明があるのだろうと耳を傾け、**期待を高めます。**

伏線を張るときのコツは、伏線をしっかりと言葉にして伝えるということです。推理小説やサスペンスドラマではないので、情報の受け手が気づくかどうかに任せるのではなく、**言葉にしてしっかり伝える**ことが重要です。

そのため、聴き手が伏線だと気づきにくいものについては、次のようにど直球に伝えてしまってもいいでしょう。

「これはまた後ほど出てくる話なので、詳しくはそのときにしっかりわかるはずです」

「この部分、モヤモヤして当たり前のところです。ただ、あとで必ずスッキリします」

大事なことは、このステップ1は、あくまでステップ2のための布石であり、**ここで説明しすぎない**ということです。

人によっては、聴き手に「?」をつくったまま、話を進めていくことに抵抗を感じるかもしれません。そんなときは、伏線を回収したときの聴き手の感心する表情や驚く顔を思い浮かべて、喉まで出かかっている説明をぐっと堪えるようにしてください。

即効フレーズ

・「この部分、〝あれ？〟と思ってしまうのではないでしょうか？」
・「今の私の説明、スッキリしないでしょ？　何か引っ掛かると思います」
・「これはまた後ほど出てくる話なので、詳しくはそのときにしっかりわかるはずです」
・「この部分、モヤモヤして当たり前のところです。ただ、あとで必ずスッキリします」

ステップ2 満を持して伏線を回収する

続いて、ステップ2について説明しましょう。ここでは、ステップ1で張った伏線を満を持して回収し、聴き手にしっかりと覚えておいてもらいたいことを伝えます。ポイントは、**ステップ1で張った伏線とのつながりを示す**ことです。

これができないと、伏線を張った意味がなくなります。さらに、伏線が回収されなかったと聴き手がモヤモヤを感じることで、説明そのものの質を低く見積もられる可能性もあります。だからこそ、伏線を回収するときには、「今から、先ほど張った伏線を回収します」といわんばかりに、しっかりと回収することが大事なのです。

先ほどの新技術の例でいうと、プレゼンが少し進んだタイミングで、

「さて、先ほどから皆さんが気になっていたであろう画期的な技術の正体なのですが」

こう**満を持した雰囲気を醸し出し**ながら、その技術の詳細について明らかにしていきます。このフレーズを入れないで、技術の説明を展開しても、聴き手にはそのことが伝わらない可能性があります。これではせっかく張った伏線がかわいそうです。

次のようなフレーズを使って、しっかりと伏線を回収しましょう。

即効フレーズ

- **「先ほど、〝あとで出てきます〟とお伝えした内容を今から説明します」**
- **「この○○、先ほど感じた疑問を解消できるはずです」**
- **「これからお話しする○○こそが、先ほどあなたが感じた違和感の正体なのです」**

推理小説やサスペンスドラマのようなエンタメの類であれば、伏線回収はさり気なく行うのが粋でしょう。ただ、「よい説明」の中では、できる限り**聴き手を置いてきぼりにするようなリスクを避ける**ことが大切です。聴き手が最初に抱いた興味や疑問が、最後に満足のいく答えとして提示されることで、**一連の話が1つの完結したストーリー**として感じられ、聴き手は話し手の言葉に引き込まれていくのです。

伏線回収を成功に導く3つの秘訣

最後に、「伏線回収の型」を成功させるための3つの秘訣についてお話をします。

【秘訣1】伏線を張るのはおまけと考える
【秘訣2】ステップ1とステップ2の間は空けすぎない
【秘訣3】伏線を張りすぎない

【秘訣1】伏線を張るのはおまけと考える

前述しましたが、伏線はステップ2の内容から逆算してつくります。たとえば、新商品の発表会で、その商品の特徴やメリットを強調する際、最初に関連するエピソードを提示し、あとでそれに関連した商品の特徴を詳しく説明するような形です。

目的は、伏線となるエピソードをおもしろおかしく伝えることではなく、あくまで新商品の特徴やメリットを伝えることです。仮に、「この開発にはある悲しいエピソードがあったのです。そのエピソードとは」と始めてから、**エピソードの語りで持ち時間の半分も使ってしまうと、本題の内容の説明時間が圧迫**されてしまいます。これでは本末転倒というもの。そのため次のような伝え方をします。

「この開発にはある悲しいエピソードが潜んでいたのです。そのエピソードは、後ほど商品の特徴を説明する際にまたご紹介しますので、楽しみにしていてください」

伏線をメインに説明を展開するのではなく、あくまでオプションとし、**回収することを匂わす程度に留めておく**のが重要です。伏線を張るほうに意識を集中しすぎず、主な目的である本題の内容をしっかりと相手に伝えることに焦点を当てましょう。

即効フレーズ

・「○○には、涙なしでは語れないエピソードがあります。これは後ほど□□でお伝えします」

・**「ここには、ある驚愕の事実が潜んでいたのです。**
これは後ほどわかります」

✔［秘訣2］ステップ1とステップ2の間は空けすぎない

ステップ1の「伏線を張る」とステップ2の「伏線を回収する」、この2つの間を空けすぎると、聴き手によってはステップ1で伝えた**伏線の内容を忘れてしまう**可能性があります。時間的な間隔のことだけでなく、その間に伝える**情報量を増やしすぎても同様の危険**があります。

新商品の発表会の例でいうと、エピソードの振り、つまり伏線を張ったあと、**数分から長くて1時間以内に**関連する商品の特徴やメリットを次のように説明します。

「つい先ほど、あとでお話しするとお伝えした胸が痛くなったエピソードですが、実はこの商品の最大の売りにつながっています。そのエピソードとは、……」

エピソードの振り（伏線）と商品の特徴（メインテーマ）の説明の間を長く空けると、

聴き手は初めのエピソードや話の内容を忘れ、新商品との関連性がわからなくなる可能性があります。特に、エピソードなど伝えるのに時間を要する伏線の場合は、**できるだけメインテーマに近い時間で紹介**することをおすすめします。

即効フレーズ

- **「つい先ほど、あとでお話しするとお伝えした○○なエピソードですが、この□□と大きく関わっています。そのエピソードとは、……」**
- **「冒頭で、後ほど紹介するといっていた○○に関するエピソードは、この□□に深いつながりがあるのです。そのエピソードとは、……」**

「伏線回収」は、効果的に使えると説明の質が爆上がりしますが、逆に使い方を間違えると聴き手の混乱を招くことにもなる**ハイリスク・ハイリターン**といえる型でしょう。

【秘訣3】伏線を張りすぎない

秘訣3は「伏線を張りすぎない」です。伏線を張りすぎると、**話し手自身が伏線をすべて回収するのを忘れてしまう**ことがあるからです。

私自身も過去に苦い経験があります。ある2時間の講演会の中で、力を入れてたくさんの伏線をつくったものの、数が多すぎて、時間内にすべてを回収しきれないということがありました。時間の制限と単純に私自身が失念してしまったことが最大の原因です。終了後のアンケートで、「あの話の○○のこと、あとで出てくるとおっしゃっていたのに、最後までその説明はなかったように思います」と指摘されました。

伏線は、**1つのテーマに対して2~3個程度**に留めておくのがおすすめです。

また、伏線が多すぎると、秘訣2でも話したように、聴き手がいくつかの伏線を忘れている可能性も出てきます。たとえ聴き手がすべての伏線を覚えてくれていたとしても、今どの伏線が回収されているのかがわからなくなることがあります。

たとえば、プレゼンの冒頭で、伏線として自分自身の過去の体験談を語ったとします。その段階で、「あんなことに苦労した」「こんなことが辛かった」のような問題意識を伏線としてある一定数以上出しすぎると、その後のメインの解決策の提案で、**「結局、冒頭のエピソードのどの問題意識と関連していたんだ?」**と疑問を持たれる可能性があります。そのため、できる限り伏線の数は絞っておきます。

なお、複数の伏線を張った場合には、ステップ2で伏線の回収をするときに、

「冒頭のエピソードでお話しした○○の部分が、実は今からお話しする解決策の発案に大きく関わっています」

このように、ステップ1の伏線を聴き手にしっかり思い出させることが重要です。

即効フレーズ

- **「冒頭でお話しした○○のエピソードが、これからお話しする□□に関わっています」**
- **「2つ目に紹介した○○が、これからお伝えする本日のメインテーマに大きく関係します」**

伏線回収は、一度慣れると、かなり使いやすい型でもあり、楽しくもあります。その分、伏線をどう張るか、どう回収するかといったテクニカルなことを中心に考えがちにもなってしまいます。説明の目的はあくまでもステップ2の内容を伝えることがメインです。**伏線はあくまでスパイス程度**ということをくれぐれも忘れないでください。

第11章

第9の型

決断誘導

聴き手の決断をコントロール

効果的な状況

会議、プレゼン、日常生活

「松竹梅」。真ん中のコースが一番人気の理由

大好物のお鮨を食べに行ったとき、店員さんからこういわれたらあなたはどのコースを選びますか。初めて行く店で、各コースの内容はそこまで詳しくわからないことを前提としましょう。

「松は1万2000円、竹は8000円、梅は6000円です。いずれのコースになさいますか？」

あなたが最終的にどのコースを選択したかはわかりません。

しかし、**竹のコースがもっともよく選ばれる**ことが多くの学術研究でわかっています。

そして、もし私が売上げを最適にさせようと考えている鮨屋の店主であれば、お客さんにもっとも選んでもらいたい価格帯のコースは、竹の位置、つまり真ん中に設置しま

す。

利益がもっとも出るコースを竹に設定し、それを基準に、松と梅のコースを設定するわけです。そうすることで、利益を最大化させることができるのです。

ここには、どのような仕掛けが潜んでいるのでしょうか。

本章では、**選択肢の作成や提示の仕方を工夫し、相手に決定を促す**「決断誘導の型」について説明をしていきます。**認知心理学や行動経済学**の研究をヒントに、即効性のある説明テクニックの紹介となります。

なお、この型は非常にパワフルで効果抜群なので、くれぐれも悪用しないように気をつけてください。

「自分が望む方向」に聴き手の決断を促す2つの方法

選択範囲が広くなればなるほど、聴き手は選びにくくなったり、話し手が意図するものとまったく違ったものを選択する可能性があります。

以前、梅酒専門を謳う居酒屋に行ったときのことです。お店に着くと、店員さんがメニューを広げ、こう説明してくれました。

「当店は梅酒の専門店です。梅酒だけでも50種類あります。どれになさいますか?」

私はしばらくの間、考えてみたのですが、結論は「とりあえず、生(ビール)で」でした。**選択肢が多すぎて、選べなかった**のです。

ビジネスシーンでは、こんなこともありました。

取引先から提示された納期に間に合わせることが難しいと思い、

「提示いただいた納期が厳しい感じなのですが」

と返答しました。すると相手から、次のようなリアクションがあったのです。

「それでは、今回は発注数を減らすことにいたします」

私としては、納期の延長を検討してもらいたかったのですが、**聴き手である取引先にその意図は伝わらず、結果として発注数が減少**（売上げ減少）してしまいました。

このような事態を回避するために、伝える内容にこちらが意図することを加えます。

そうすることで、**自分が持っていきたい方向に聴き手の決断や判断を促す**ことが可能になります。そのための具体的な方法は、以下の２つです。

［方法１］こちらに都合のよい「前提」をつくる
［方法２］こちらに都合のよい「選択肢」をつくる

１つずつ説明しましょう。

方法1 こちらに都合のよい「前提」をつくる

方法1です。話し手側で都合のよい前提をつくってしまいます。先の梅酒の例でいうと、都合のよい前提とは、**「お客さんは（ビールではなく）梅酒を選ぶ」**です。そのとき、このようなフレーズで**梅酒の中から選んでもらう**よう促します。

「オーソドックスな梅酒がお好みでしたら、この5種類から選んでいただくといいと思います」

発注の例でいうと、都合のよい前提とは、**「発注数（売上げ）は変えず、納期を延ばしてもらうこと」**です。

「提示いただいた納期が厳しい感じでして、納期の相談をさせていただけたらと思います。具体的な納期の候補としては、……」

このように、納期を引き延ばしてもらうことを前提に、つまり、こちらに都合のよい前提で説明を展開していくことで、**聴き手は「納期をどうするか」を判断する方向**に自然に導かれていきます。

即効フレーズ

・**「○○でしたら、この中から選んでいただくといいと思います」**
・**「○○の相談をさせていただきたく、具体的には、……」**

もちろん、自分の都合のよい前提で話を進めることができたとしても、相手の決断が常に自分にとって最適になるとは限りません。

そのため、自分の望む方向に話を進ませ、相手の決断をより促していくために、方法2をさらに備えておき、盤石な態勢をとっておくのです。

方法2 こちらに都合のよい「選択肢」をつくる

方法2では、自分にとって都合のよい選択肢をつくって、それだけを説明の中に入れ込みます。**どの選択肢を選ばれてもいいという選択肢に絞って、相手に提示する**のです。

たとえば、プライベートでパートナーに家事を手伝ってもらいたいとしましょう。そのときに、「少しは家事を手伝ってほしいんだけど」と伝えるのではなく、

「掃除と洗濯と食器洗いの中だったら、どれが今できそう?」

と伝えます。そうすることで、そのパートナーは「家事を手伝うか、どうか」という選択ではなく、**何かしらの家事を手伝うことが前提**となります。もちろん、掃除と洗濯と食器洗いといった選択肢は、話し手である自分にとってどれも手伝ってほしい家事ということが前提です。

なお、**自分が選んでもらいたい選択肢を聴き手により高い確率で選んでもらう方法**があります。それは**判断基準を示す**ことです。

たとえば、家事をお願いする自分としては手の肌荒れを避けるべく食器洗いを選んでもらいたい。そして、相手はすぐにでも家事を終えてしまいたいとします。その場合は、

「一番時間がかからずにすぐに終わるのは食器洗いかな。逆に、掃除だと少し時間がかかっちゃうかも」

このように伝えます。早く終わらせることができるかどうかという「時間」を判断基準として説明に入れていくことで、聴き手は自分が望む選択肢を選びやすくなるのです。ストレートに、**「所要時間を基準に説明しようか？」**と伝えてもいいでしょう。

即効フレーズ

- **「○○であれば、□□できそうだけれど、△△は難しいと思うよ」**
- **「○○を基準に説明しましょうか？」**

ここでの注意点としては、**提示する選択肢を増やしすぎない**ことです。

たとえば、自社システムを外部の攻撃から守るために、セキュリティの強化を提案するとしましょう。その際に、以下のような選択肢の提示をされると、選択するのが困難にならないでしょうか。

「セキュリティ強化の対象は全部で次の8つの中から選択していただきます。1つ目がメールの添付やリンク、2つ目がCD-ROMやUSBメモリ、3つ目がSMBサービス、4つ目がウイルス感染、5つ目が権限昇格、6つ目がファイルの暗号化、7つ目が不正操作、8つ目が情報窃取です。この中から選んでいただきます」

このような場合は、選択肢を3つ程度の枠でくくっておくことをおすすめします。

人が自信を持って選べる選択肢の数は4~6個まで、といわれています。これは、有名な**「ジャムの法則」**と呼ばれるもので、次のような実験により確認されました(Iyengar & Lepper, 2000)。

あるスーパーマーケットに買い物に来たお客さんを対象に、ジャムの試食販売を行いました。試食販売コーナーを2グループに分け、それぞれで取り揃えるジャムの種類の数を24種類と6種類にしました。足を止めて試食をした人数と購入率を計測した結果は、試食をした人数は「24種類のジャムが置いてあるグループ」のほうが多く、購入率は「6種類のジャムを置いてあるグループ」のほうが10倍となったのです。

この結果から、**「人は選択肢が多すぎると1つのものを選ぶのが難しくなり、選択すること自体をやめることもある」**という心理作用が発見されました。法則の特性から「決定回避の法則」とも呼ばれています。

前述したように、人が自信を持って選べるのは4〜6個と考えられます。ただ、**口頭のみで選択肢を提示する場合**には「ワーキングメモリ（作動記憶）」を圧迫する可能性もあり、私の経験上、**選択肢の数は3個程度にする**ことが望ましいと考えています。ちなみに、ワーキングメモリとは何らかの作業を行いながら、そのために都度、情報を一時的に保存する記憶のことです。

次のように選択肢をまとめて、選択肢を減らすように見せるのも1つの手です。

「強化の対象は入り口・内部・出口の3つの中から選んでいただきます。

1つ目の入り口の対策を選ばれた場合は、さらに、メールの添付やリンク、CD-ROMやUSBメモリ、SMBサービスの選択肢から選んでいただきます」

選択肢をカテゴライズしてくることで、初見の選択肢の数を減らして提示します。**「カットダウンの型」とのコラボ**ともいえますね。

なお、一つひとつの選択肢に説明を加えなければならない場合にも、聴き手に伝える情報量が増えてしまうため、聴き手が選びやすいよう、選択肢の数をあらかじめ少なめに設定しておくことが重要です。たとえば、次のような言い方です。

> 「SMBサービスと権限昇格の2つから選んでいただくのがおすすめです。SMBとは、サーバー・メッセージ・ブロックの略で、ネットワーク上でファイルやプリンタなどのリソースを共有するためのプロトコルです。権限昇格とは、あるユーザを対象として付与された権限や特権を超えて、より高いアクセス権を獲得する攻撃のことです」

「選択」という行為においては、**選択肢の数や順番、選択回数といった要素の組み合わせが人間の決断に影響を与える**ことがわかっています。このように、選択のさせ方や選択肢の見せ方によって人の選択が変わること、またその傾向を利用して人の選択を誘導することを**「選択アーキテクチャ」**といいます。

選択肢を具体的にどうやってつくればいいのか、もう少し詳しく説明しましょう。

「松竹梅」の法則

選択肢を3段階に設定することができる場合、とっておきの秘策があります。それは、**もっとも選んでもらいたい選択肢を真ん中にする**こと。それだけです。

実は、3つのレベルのものの中から真ん中のものを選びやすくなる心理作用があります。これを「松竹梅の法則」（別名：ゴルディロックスの法則）といいます。本章の冒頭で鮨店での事例を紹介しました。

この法則は、低品質低価格・中品質中価格・高品質高価格のカメラを用意し、どれを購入するかアンケート調査した研究からも確認されています（Simonson, 1992）。

結果は、**6割の人が中品質中価格のカメラを選択**したのです。

即効フレーズ

- **「お値段の順に、○○、□□、△△となっていますが、どれにしますか？」**
- **「難易度レベルは、○○、□□、△△の順です。いずれにしますか？」**

真ん中をより選んでもらいやすくするため、次のように説明を加えるのも効果的です。

「初めてご来店いただくお客さまの多くは、竹のコースを選ばれます」
「当店の一番人気は、この竹のコースです」

他の人々も「この選択肢を選んだ」と伝えることで、特定の選択肢に対する聴き手の決断を促すことができます。私たちは他人が何を正しいと考えるかに基づいて物事が正しいかどうかを判断する傾向があるためです。これを**「社会的証明の原理」**といいます。

即効フレーズ

- **「皆さま、真ん中の○○を選ぶことが多いです」**
- **「この○○が、一番人気です」**

なお、**選択肢を3段階にできない場合、**たとえば赤・青・黄の色味のようなどれも聴き手にとっては同列、かつ、違いがはっきりわかってしまう場合、あなたが**もっとも選んでもらいたい選択肢は最後に提示**するようにしましょう。

「最後にご紹介した黄色がもっともおすすめです」
「最後の黄色が、一番お客さまに似合っていると思います」

これは、**人は最後に提示されたものがもっとも頭に残りやすい性質を持つ**ためです。

これを**「新近効果」**といいます。ぜひ試してみてください。

即効フレーズ

- **「最後に紹介した○○がイチ推しです」**
- **「最後の○○が一番おすすめです」**

消去法で特定の選択肢に絞り込む

ここまでは、こちらで選択肢を限定して相手に選んでもらう説明を紹介しました。その一方で、本来はたくさんあるであろう選択肢を極端に減らして相手に提示するという行為は、場合によっては**相手に不信感**を与えかねません。

「選択肢が、そんなに少ないわけがない。この人は、自分に都合のいいように選択肢の数を絞っているな」。こう考える聴き手もいるでしょう。

そこで、**聴き手が慎重だったり疑り深かったりする場合**に、特定の選択肢をうまく選んでもらえる説明テクニックをご紹介します。1つは、すでにお伝えした、**「選択肢をくくる」**方法です。そして、もう1つ、パワフルな方法があります。

それは、**「数多くの選択肢があるという大枠をイメージさせつつ、フローチャートにて消去法を使って特定の選択肢に絞り込む」**という方法です。

もう少し具体的に説明しましょう。

たとえば、あなたが自社の営業力の強化を推進したいとします。その際、図11－1のようなロジックツリーをイメージしながら、決断者に次のように説明していきます。


「我が社では、現在、売上げが低下している原因として、①サービスの質の低下、②マーケティング戦略の失敗、③営業力の不足の3つが考えられます。

中でも、③の営業力の不足は売上げに直結するため、早期に解決する必要があります。

営業力の不足を解決するための方法として、研修の実施、中途採用の強化、サポートツールの導入があります。

研修は成果が出るまで時間がかかること、中途採用は現在も行っていることを考えると、これまで我が社で未着手のサポートツールの導入を検討してみてはいかがでしょうか」


このように、たくさん（図では9つ）ある解決策をすべて説明しきるのではなく、あくまで選択肢の全容は示しつつも、聴き手に決断してもらいたい選択肢に絞り込むよう

[図11－1]

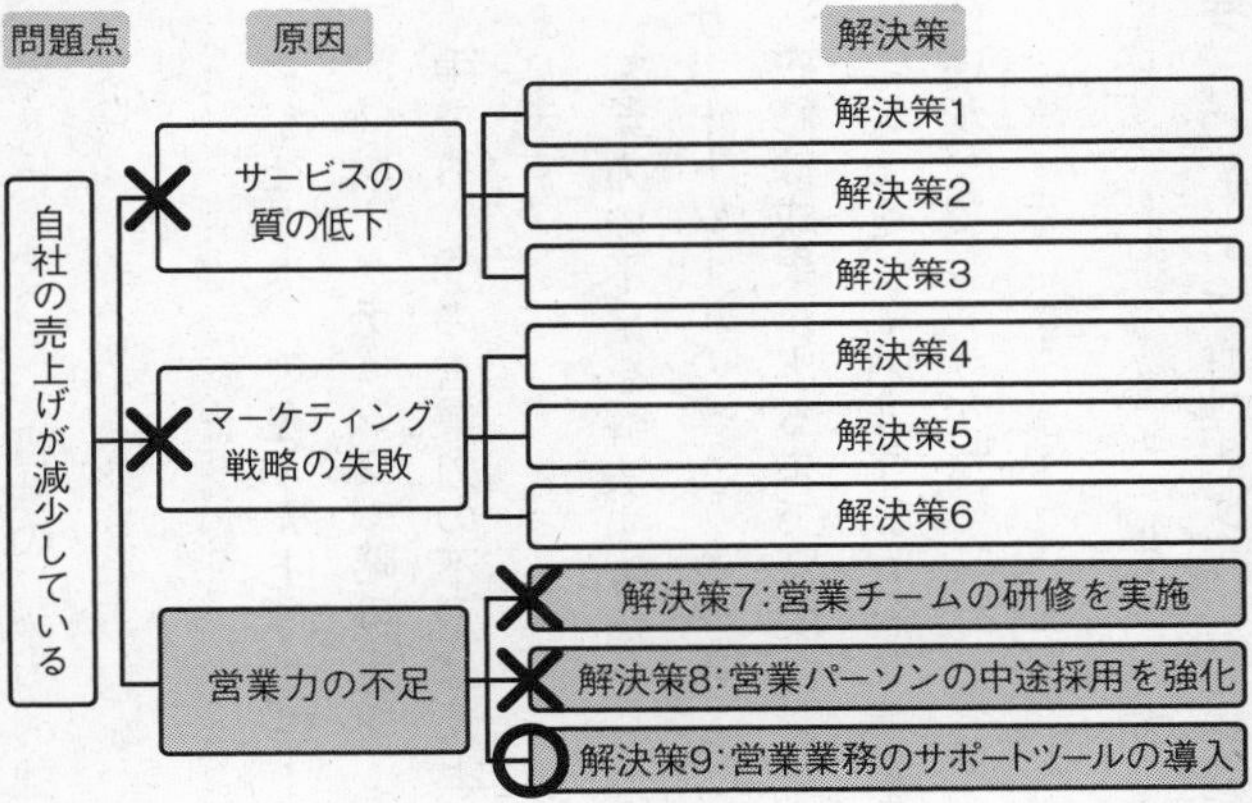

な提示をします。そうすることで、「本来、選び得る選択肢はたくさんあるけれども、**合理的な理由で、この選択肢に絞られる**のです」ということを聴き手に理解してもらいやすくなります。

いきなり、「私は営業のサポートツールの導入がベストだと思います」の一点張りで進めると、聴き手の納得感を引き出すのが難しかったり、聴き手に不信感を与えてしまう可能性が出てきます。

選択肢の全容を示しつつ、ある特定の選択肢に行き着く合理的な理由を丁寧に説明していく姿勢こそが、聴き手の不信感を払拭させ、**あなたの誠実さを伝える**ことにつながるといえるでしょう。

即効フレーズ

・「この流れに沿って、他の選択肢を消去法で消していくと、……」
・「これらの選択肢を、○○という前提で消去していくと、……」
・「これらの選択肢は○○という理由で避けていくと、……」

「決断者」が他にいる場合の説明のコツ

本章の最後に、決断をする人（決断者）が聴き手本人でなかった場合についてお話ししておきます。営業シーンでいえば、説明の聴き手は現場担当者だけれど、決裁はその部署の上司や役員が行うというケースです。この場合の説明には、少しコツが要ります。

かんたんにいえば、目の前の相手に理解してもらうことや決断してもらうことを最優先に考えないようにしていきます。目の前の相手には、決断を促すというよりも、好意を持ってもらったり、やる気を出してもらえたりするような**感情的な側面にアプローチ**するほうが重要です。

「○○部長にお伝えいただけること、本当に感謝しております」

「この案件を担当されているということは上司の方からの信頼が厚いのですね」

「○○さんが窓口になってもらって、心底、助かりました」

これらのようなフレーズで、聴き手のやる気を刺激し、**聴き手が意思決定する人にしっかりこちらの話した内容を伝える**アクションを促します。

一方で、その先にいる決断者に対しては、間接的にしか自分の説明は伝わらないため、エモーショナルな情報伝達よりも、むしろ論理性や伝える工夫が必要となります。

その上で注意したいのは、目の前の聴き手とその先にいる決断者には、**異なった論理構築が必要**になることがある点です。

たとえば、目の前の聴き手が現場担当者で、決断者がマネジャーである部長職の場合、2人の判断基準は異なる可能性が高いからです。また、そもそも、**目の前の聴き手に伝**

えた情報がその先の人に正しく伝わるとは限らないからです。

たとえば、現場担当者はいかに自分の仕事が効率化するかということを重視しがちです。もしくは、いかに評価され自分の給料が上がるかということが重要でしょう。人によっては自己成長の実感も大切にしているかもしれません。

一方で、その先にいる上司はまた違った考え方や判断基準を持っているものです。部署でのコストカットが優先されるかもしれません。その場合には、現場担当者に説明する準備だけでなく、先にいる決断者が優先している、コストカットについての目標値やシミュレーションのグラフなどの説明も準備しておかなければなりません。

このような発想に基づいて準備した情報を、現場担当者に説明して伝えるだけでなく、**実際にそのまま決断者に送ることができる説明資料として準備**するようにします。この準備の精度を高めるために、聴き手や周囲の情報をもとに**決断者の事前リサーチを行う**ことをおすすめします。この点について詳しくは、第2章をご参照ください。

コピペで送れる文章を作成し、現場担当者にこう情報伝達を促すといいでしょう。

「この資料を○○部長にそのままお送りください」

「このメールのこの部分をコピペして○○課長にお送りください」

このように伝えることで、目の前の聴き手が決断者に情報を伝えるときに正確に伝わりやすくなります。**情報伝達の〝揺らぎ〟を少なくする**ことができるということです。

なお、目の前の相手が、「自分はないがしろにされている」と思わないように、

「そうしていただいたほうが、○○さんのお手を煩わせずに済むかと思います」

「先日○○さんと決めましたことを、□□部長に伝わりやすいよう、こちらで改めてまとめ直してみました」

これらのフレーズをつけ加えると、ソフトな印象を与えることができます。

即効フレーズ

・「この説明資料をそのまま○○さん（決断者）に送ってください」
・「このメールのこの部分をコピペして○○さん（決断者）に送ってください」
・「この内容をそのままお伝えいただいたほうが、○○さん（決断者）には伝わりやすいかと思います」

「よい説明」をするためには、**誰に何のために伝えるのか**、常にそのことを忘れないようにすることが何よりも大切です。

参考文献
Simonson, I., & Tversky, A. (1992), "Choice in Context: Tradeoff Contrast and Extremeness Aversion". *Journal of Marketing Research*, 29(3), 281-295.
Iyengar, Sheena S. & Lepper, Mark R. (2000), "When Choice is Demotivating: Can One Desire Too Much of a Good Thing?". *Journal of Personality and Social Psychology*, 79 (6), 995-1006.

第12章

第10の型

自己主張

論破せずに「自分」を通す

効果的な状況

会議、自己紹介、面接、日常生活

空気を悪くせずに反対意見を伝える

あなたが一生懸命に考えた自分の意見やアイデアを相手に伝えたとき、それに対して、次のような返答をされたらどう思うでしょうか。

「しかしですね、……」

「いや、でも、……」

「そうではなくって、……」

あまりいい気分はしないですよね。

相手の意見が正論だったり、相手に悪気がなかったとしても、**その意見を受け入れ難くなる感情**が湧き起こるのが人間というものです。

ここで、この状況を逆の立場で考えてみてください。

あなたが相手に反対意見や異なった意見をぶつけるときに、どう伝えると相手に拒絶され、どう伝えたらスムーズに受け入れてもらえるでしょうか。

本章では、あなた自身の意見や考えを相手にスムーズに伝えるための「自己主張の型」を紹介します。自己主張と聞くと、「ただ自分の意見をゴリゴリと主張する」と考える人がいるかもしれませんが、決してそうではありません。これは、コミュニケーションの手法の1つである「アサーション（自己主張）」に基づく型です。アサーションとは、**相手の意見やその場の空気を尊重しつつも、対等な立場で自分の意見を相手にしっかりと伝えるコミュニケーション**をいいます。

相手の意見が明らかに間違っていて反対意見を出さなくてはいけない場合、違った角度からの意見を出してより活発な議論にする必要がある場合など、さまざまなシチュエーションでこの型は使えます。

また、意見やアイデアを出してきた相手が自分よりも役職が上であったり、お客さんだったり、相手と自分の立場の違いを考えると、なかなか伝えにくい状況もあるでしょう。そうした際にもよく役立つものです。

相手を尊重する姿勢を意図的に説明で示すことで、相手との関係性の維持・発展が可能になり、さらに、**相手の自尊心を高める**こともできてしまうのです。

「イエス」から始めることがポイント

「自己主張の型」のポイントは、相手の意見やアイデアを受け入れる姿勢を示すところから始めることです。まずは相手の発言に「イエス」といい、その後、反対意見や異なった考えを伝えるのです。

一方で、避けたいことがあります。それは、**逆接の接続詞「しかし」や「だけど」から決して始めない**ことです。相手はこの接続詞を聴いた瞬間に、「オレの意見に反対なんだ」「私のアイデアはダメってこと?」という感情を抱いてしまいます。

結果、その接続詞の先のあなたの意見や考えに対して負の感情を持った状態で話を聴くことになります。あなたが自分の意見や考えを相手に通したい場合、不利な状態からスタートしなければならないということです。

だからこそ、とにかく「イエス」を伝えることからスタートするのが重要です。**「確かにそうですね」「よくわかります」**のようなフレーズを使うことがおすすめです。

即効フレーズ

- **「ご意見、ごもっともです」**
- **「確かにそうですね」**
- **「よくわかります」**
- **「素晴らしいアイデアですね！」**
- **「おもしろい！」**
- **「それ、本当に大事な考えですよね」**
- **「その考え方は、非常に興味深いです」**

「イエス」と伝えるステップを挟むことで、相手は、「おっ、賛同してくれるんだ」「受け入れてもらえそう」と**ポジティブな感情や安心感**を得ます。あなたの意見や考えを聴き始める、相手のスタート地点の印象が180度変わるわけです。

それでは次に、相手の意見に対して**「イエス」を伝えた後に、反対意見や異なった考え方をスムーズに伝えるテクニック**についてお話ししていきましょう。

受け入れがたい提案をされたときの「失敗しない」対応法

たとえば、契約等の交渉において、相手が提示してきた条件を受け入れ難いときはどうしたらいいでしょうか。

「本件につきまして、500万円の予算で、納期は来月末でいかがでしょうか」

このような条件を提示された際、その条件をすべて飲むのが自分や会社的に厳しかったとします。そういった場合、厳しい表情でいきなり、「いや〜、その条件は厳しいですね。無理です」と伝えると場が凍ったり、相手と敵対関係になったりしかねません。かといって、安易に「イエス」と答えたら自分や会社が損害を被ることも考えられます。

このような場合、どのように返答したら正解なのでしょうか。

「自己主張の型」を利用したここでの最良の手は、**飲みにくい条件の部分を残して、それ以外のところに対して「イエス」と伝える**ことです。たとえば、予算額が想定よりも低い上に、納期も厳しかったとしましょう。その場合は、次のように返答します。

「先にご提示いただき、ありがとうございます。もし予算額が500万円であれば、納期は倍の2カ月いただけないでしょうか。もしくは、納期が来月末の場合であれば、見積もりは800万円となりますが、いかがでしょうか」

このように、ある部分については受け入れつつも、受け入れ難い部分についてのみ自分の意見や考えを、選択肢を提示しながら説明していく展開にします。

カタい表情になりすぎず、笑顔で返答すると、相手の警戒心も薄まります。

即効フレーズ

- 「○○さんのご意見、確かにおっしゃる通りです。その上で、□□の部分について、△△はどうでしょうか」
- 「○○さんのお考え、すごくよくわかります。それと同時に、私は□□について△△とも思ったんですよね」

「論破する」は百害あって一利なし

相手に反対意見を伝えても、どうしても平行線になってしまうこともあるでしょう。そんなとき、どちらか一方の意見に落ち着く手もあります。

ただ、実際にはもう片方の意見を出した人はモヤモヤした状態で終わることも少なくありません。

説得力を持った自分の反対意見を相手に飲んでもらうことも、もちろん説明スキルとしては重要です。しかし、反対意見を飲まざるを得なくなった相手は、場合によっては、**「論破された」とあなたに好ましくない感情を抱く**かもしれません。

こういった状況を回避するためにも、ここでは**相手の意見でも自分の意見でもない新たな解**をつくり、その解を相手に納得してもらうための説明テクニックについてお話ししていきます。

[図12−1]

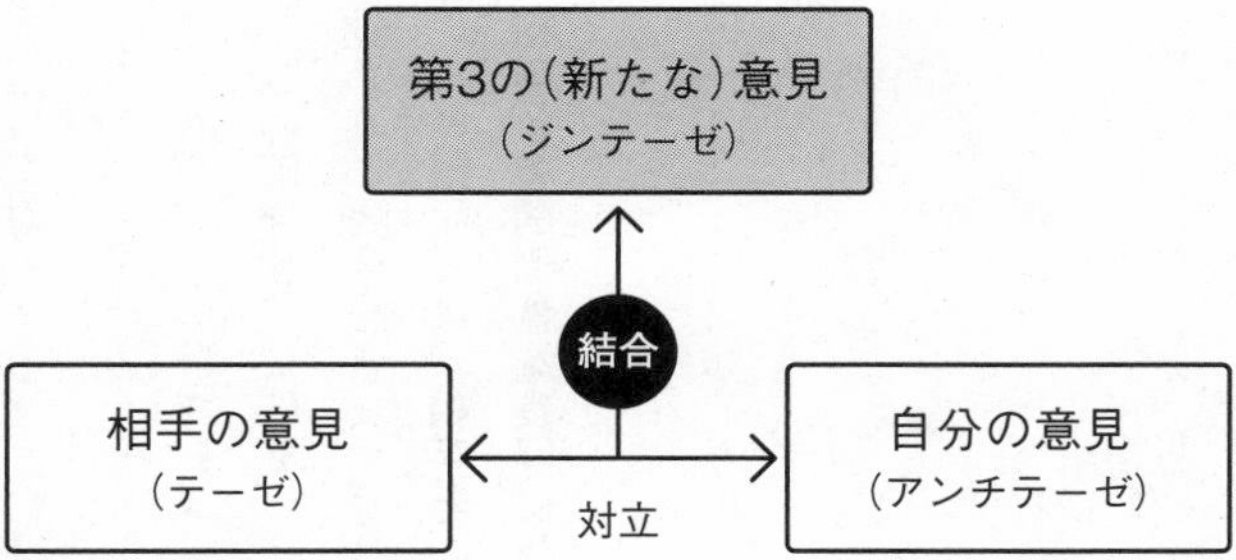

出所：拙著『頭のいい人の対人関係』（サンクチュアリ出版）より一部改変

まず、相手の意見を「テーゼ（正）」、自分の反対意見を「アンチテーゼ（反）」といいます。この2つの相容れない意見の矛盾点を解消し、統合させた第3の意見（新たな解）のことを「ジンテーゼ（合）」といいます（図12−1）。

ジンテーゼは、**双方が納得できる落とし所**でもあります。これは「弁証法」と呼ばれるものがベースとなっています。

弁証法は哲学や論理学で使われているもので、意味は多岐にわたりますが、ここではドイツの哲学者ヘーゲルが提唱した「物事の否定を通じて、新たな、より高次の物事へ止揚《しよう》させる対話の方法」と捉えることにします。

「止揚」とは、対立する2つの関係を1つ上の次元に引き上げるというもので、ドイツ語では「アウフヘーベン」といいます。矛盾点などを見つけて否定を行いながら、意図的に意見や考え方を広げてジンテーゼ（第3の解）をつくっていくのです。

この第3の解を相手に伝えることで、生産的かつ良好な関係性を保ったまま、議論を円滑に進めることができます。

本当によい説明とは、**相手との衝突はできる限り回避し、互いに納得のいく解を導き出し、相手との関係性を良好に継続・発展させていく**ことができるものなのです。

「第3の解」で納得を導く3つのステップ

ジンテーゼ（第3の解）の効果的な伝え方について説明していきましょう。

第3の解は次の3ステップを踏むと、スムーズに伝えることができます。

【ステップ1】「確かに○○さんの○○というご意見はごもっともです」（テーゼ）
【ステップ2】「その上で、私の考えとしては□□なんです」（アンチテーゼ）
【ステップ3】「そこで、お互いの考えを合わせて、△△というのはいかがでしょうか」（ジンテーゼ）

まずステップ1で、**相手の意見（テーゼ）を受け止める**姿勢を示します。次にステップ2では、**いったん自分の反対意見や考え（アンチテーゼ）**を伝えます。このとき、くれぐれも逆接の意味を持つ接続詞は使わないよう注意しましょう。最後にステップ3

で、**相手の意見も取り入れてつくったことを示唆しながら、第3の意見やアイデア（ジンテーゼ）**を伝えます。疑問形にすることで、ソフトな印象を相手に与えることができます。

たとえば、自分の会社でリモートワークを継続させたい現場と、廃止させたい経営側で意見がぶつかっていたとしましょう。あなたが管理職の立場だとしたら、次のようにジンテーゼを伝えていくことで、うまい落とし所に行ける確率がぐっと高まります。

「確かに○○さんたちがいうように、子育てや介護をしている社員のためにリモートワークは継続させたほうがいいという意見はもっともだと思う」（ステップ1）

←

「その上で、マネジメントの立場としての私の考えは、チームの連帯感や自社文化を失わないよう、出社を増やしたいということなんだ」（ステップ2）

←

「そこで、お互いの考えをすり合わせて、週1回のフルタイムでの出社、もしくは、週2日午後のみの時短勤務での出社など、部分的な出社形態を自分自身で選べるようにするのはどうだろうか」（ステップ3）

なお、この3つのステップを応用することで、双方向の対話形式ではなく、一方向での**プレゼンや講演会でもジンテーゼを伝える**ことができます。

これは、自分が本当に伝えたいこと（ジンテーゼ）から逆算して展開していきます。

具体的には、一般的な主張や意見（テーゼ）に対し、想定される反対意見（アンチテーゼ）をかぶせます。そこで対立する2つの立場での意見や考え方を明確にした上で、満を持して自分の意見（ジンテーゼ）を提示するのです。そうすることで、非常に説得力を持った説明になっていきます。前述の3ステップを以下のようにアレンジします。

【ステップ1】「通常、○○のように考えられます」（テーゼ）
【ステップ2】「一方、□□というような意見もあります」（アンチテーゼ）
【ステップ3】「それらは本当に正しいのでしょうか？　私は、そのどちらか一方ではなく、△△がこれから重要になると考えています」（ジンテーゼ）

幼児のデジタルタブレット端末の使用についての議論を例にしましょう。

「一般的に、タブレットは幼児の発育に悪影響を与える可能性があるため、使用させないほうがいいという意見があります」（ステップ1）

↓

「その一方で、幼児のうちからタブレットには慣れ親しんだほうが、デジタル社会では有利になるのではないかという意見もあります」（ステップ2）

↓

「どちらがよいのか？　私はそのどちらかではなく、使用を開始する最適な年齢や発達を阻害しない使用時間などを、科学的根拠をもとにした方法を見出してから決めていくことこそが重要だと考えます」（ステップ3）

このように展開していくことで、単にステップ3の内容を伝えるよりも、**より説得力を持ったよい説明**になります。

「結論」ではなく、「事実」にアプローチする

ジンテーゼのつくり方についてかんたんに触れておきましょう。

実際、ジンテーゼのつくり方はケースバイケースです。そのため、ここでは相手の顔を潰さず、かつ、説得力を持たせるためのベストなつくり方のコツを1つに絞って紹介します。

そのコツを一言でいうと、**相手の意見の結論部分に対してではなく、プロセス部分にアプローチする**ことです。ここでいうプロセスとは、相手が出した結論に至る根拠（理由や事実）のことを指します。

図12－2のように、相手が結論を導くために通った事実や理由に対してアプローチし、ジンテーゼをつくります。下流に行けば行くほど、解釈のスキルや思考力が必要となるため、相手自身の能力が反映されたものになります。そのため、下流部分にアプローチしたジンテーゼを伝えると、相手は**「バカだと思われたくない！」という防衛本能**が湧

[図12−2]

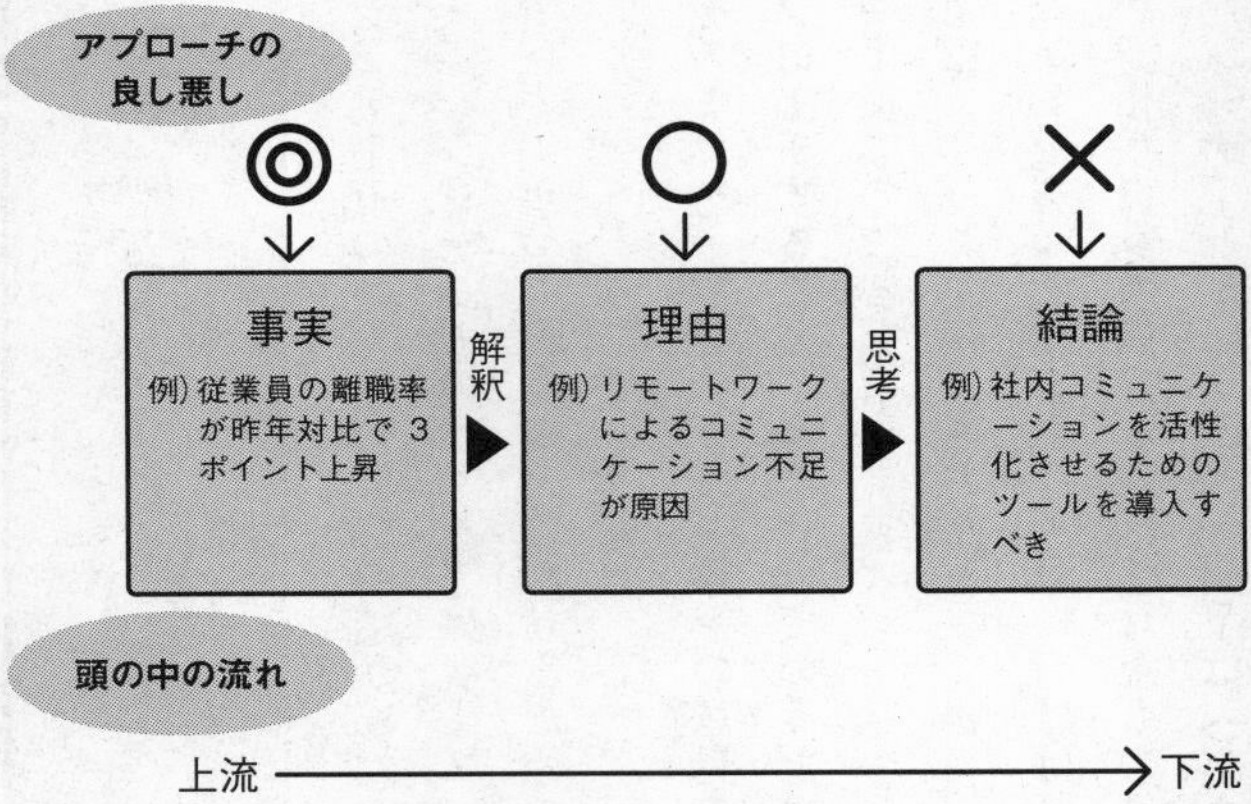

き起こり、**話し手が示したジンテーゼを感情的に拒絶**する可能性が高くなります。

そのため、ジンテーゼは上流部分にアプローチしたほうが、相手のプライドを傷つけずに済みます。ジンテーゼを受け入れてもらいやすくなるわけです。

たとえば、図12－2の例でいうと、「ツールの導入」（結論）にいきなりアンチテーゼを唱えるよりも、その1つ上流にある「リモートワークによるコミュニケーション不足が原因」にアプローチします。離職率上昇の原因として、「リモートワークにより業務が見えにくくなり、正当な人事評価がされにくくなっている」などをアンチテーゼとして提唱するのです。

もう1つ例を挙げましょう。

たとえば、あなたの勤め先で環境保護の施策を実施するか否かで意見が割れていたとします。環境保護の施策の実施に反対している相手に対し、あなたがジンテーゼを使って説明を展開します。

このとき、最上流部分にあたる事実（根拠）にアプローチしてジンテーゼを伝える場合、以下のような説明の展開が考えられます。

「確かに○○さんがおっしゃるように、環境保護の施策の実施は利益を圧迫し、経営に悪影響だというその試算はごもっともです」（ステップ1）

←

「その上で、私はやはり環境保護の施策の実施は必要だと考えています。実は、すでに環境保護の施策を実施している企業100社について、短期的には経営を圧迫させるが、中長期的にはプラスに作用していることが明らかになった国の調査データがつい最近出たのです」（ステップ2）

←

「そこで、お互いの考えを合わせて、利益を圧迫させないよう環境保護の施策を小さく始めつつ、短期的な売上げを補填するための新たな施策も一緒に考えませんか」（ステップ3）

このように伝えることで、相手の「環境保護の施策は経営を圧迫する」という意見は否定しないながらも、国の調査データをこちらの根拠（事実）として示しています。

そして、「短期」「中長期」という視点、さらに利益減少のリスク対応の提案をジンテーゼとすることで、相手がもっとも通したい「経営の圧迫の回避」を達成できることを主張するのです。

即効フレーズ

・「新たに出てきた事実として、……」

・「まだ公にされていない事実なので知らなくて当然のことなのですが、……」

「相手の意見を包み込む」魔法のテクニック

相手の意見を受け入れつつ、相手からの反論を受けずに自分の主張をスムーズに通していく、そんな魔法のようなテクニックをお伝えして本章を締めたいと思います。

そのテクニックとは、相手の意見の上位レイヤー（階層）で意見をつくり説明に入れることです。そうすることで、相手の意見を包含し、反論が来ない説明を展開することができます。

図12－3はレイヤーを2つに分けた例です。

たとえば、ある企業が新しいスマートフォンアプリを開発するという状況を考えます。このときに、開発メンバーのAさんは「UX（ユーザがする体験）に関する専門家を雇って、使いやすいデザインを実現するべきだ！」と意見を出しています。

同メンバーのBさんは、「アプリ内の課金機能を最適化し、ユーザの購買体験を向上させることが重要だ！」と述べています。

このような場合、あなたが「マーケティング・リサーチを行い、ユーザの要望やニーズを正確に掴むことが絶対に必要です！　具体的なリサーチ方法は、……」と説明を始めてもメンバー2人の納得感は得られないでしょう。

それよりも、次のように説明を展開していくほうが、他メンバーの納得感を得やすくなるはずです。

「確かに、いずれも必要な手段だと思う。ただ、大事なことは、アプリ内での顧客の購買意欲を高めて、顧客にとって使いやすいスマートフォンアプリを提供するという目的を忘れないことだよね。

そのためには、まずユーザの要望やニーズを正確に掴むためのマーケティング・リサーチから始めるのはどうだろう。そうしたら、ユーザが使いやすいデザインや求めている購買体験も具体的に見えてくると思うんだ」

このように、AさんBさんの意見（手段）の**上位レイヤーにある目的を自分の意見と**してまず入れ込みます。その上で、その**目的を達成できるような手段の説明**を展開して

[図12−3]

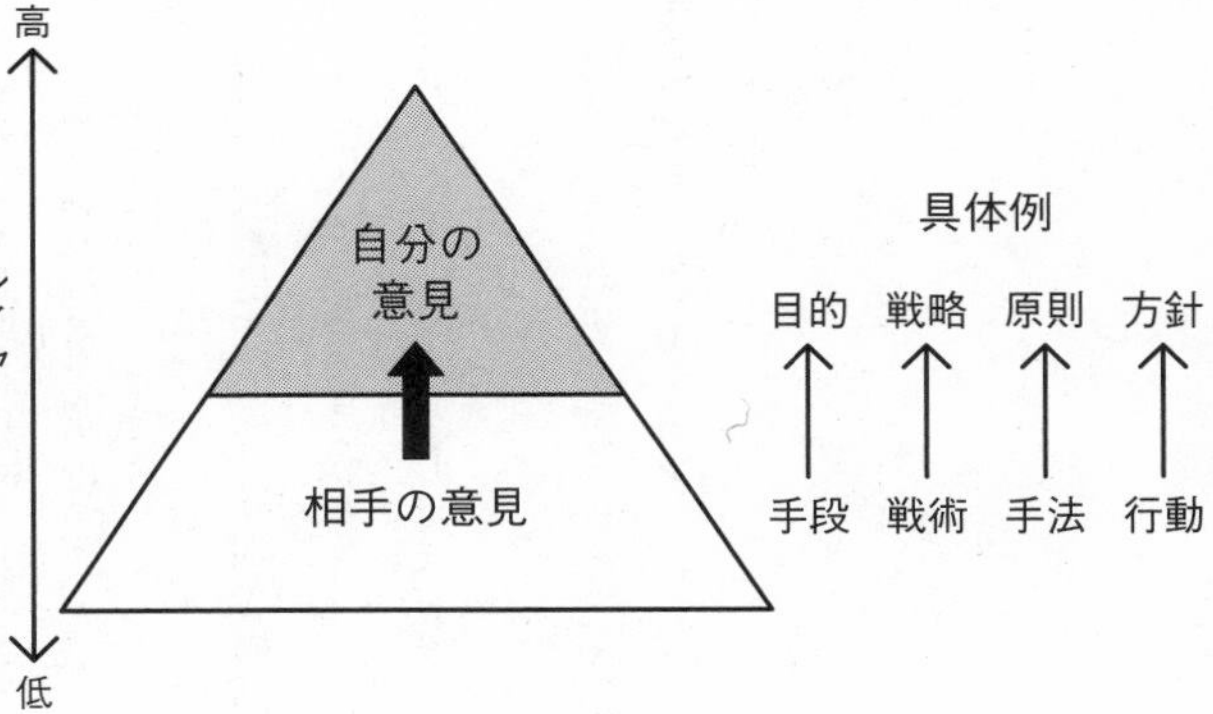

いくのです。

即効フレーズ

・**「目的は○○ですよね。そのための手段としては……」**

・**「戦略が○○となります。その戦術として、……」**

・**「○○が原則です。その原則に則った手法として、……」**

・**「方針は○○です。その方針に沿った行動とは、……」**

このときの注意点は、**自分の意見を上位レイヤーでの説明で止めない**こと、目的や原則の説明のみに留めないということです。

上位レイヤーで説明を止めてしまうと、単に抽象化しただけと相手に受け止められてしまい、「ちょっと抽象的では」「で、具体的には」とツッコミを入れられる可能性が高くなるためです。

前述の例でいえば、「アプリ内での顧客の購買意欲を高めて、顧客にとって使いやすいスマートフォンアプリを提供するという目的を忘れないことだよね」のセリフで止めずに、その先の具体的な手段まで伝えて、初めてよい説明になっていくということです。

相手とぶつかることなく、かつ、**良好な関係を保ちながら互いに気兼ねなく意見を言い合えるコミュニケーション**にしていくためにも、ぜひ「自己主張の型」を身につけてください。

第13章

第11の型

欠如アピール

「埋まらないもどかしさ」の解消

効果的な状況

会議、プレゼン、営業

「足りていないもの」を人は「埋めたくなる」

「よい説明の型は全部で11個あります。これまで10個の型を紹介してきました。そして、まだお話しできていない最後の1つが、この『欠如アピールの型』です」

最後に紹介する「欠如アピール」は、「今、あなたの情報は不足している」とアピールすることで、聴き手の「ネタが欲しい！」をかき立てる型です。

人は**「足りていない」と気づいたときに、「埋めなければ……!!」という強い感情**が湧きます。この型は、そうした心理原則を利用しています。

この型は、とてつもなくパワフルで、聴き手にとって**未知の情報ですら、一気に自分ごと化**させ、場合によっては、説明の内容を短期間で相手に習得させることもできます。

「欠如アピール」は次のようなステップを踏むことで、効果を最大限に発揮できます。

【ステップ1】「不足」に気づいてもらうために、全体の枠組みを示す
【ステップ2】その「不足」を、話し手は補うことができると伝える
【ステップ3】「不足」を埋める情報や知識を伝える

たとえば、次のように説明していくといいでしょう。

「実は、皆さんが現段階で知っている『よい説明』の大原則は、全部で3つある視点のうちの2つだけなのです（ステップ1）。
残りの1つの視点は、まだ話していません。ただ、とても大切な視点なので、これからお話ししていきますね（ステップ2）。
その3つ目の視点というのは……（ステップ3）」

大切なのは、ステップ1で「全部で3つある」といった**枠組みをまず先に示す**ことです。全体の枠組みを示しておかないと、そのあとのステップ2で話し手がその不足を補えることを伝えたときに、聴き手は自分が「知らない」ことには気づくことができても、それが「満たされていない」ことには気づくことができないのです。

この2つのステップをきちんと踏むことにより、聴き手は**自身の情報や知識が不足している状態であることを初めて理解できる**のです。

最後のステップ3は、ステップ2で気づかせた聴き手の「不足」を埋める情報や知識を説明していきます。この「不足」を埋める情報や知識が**聴き手にとって未知のものであればあるほど、その後の説明のインパクトは強く**なります。

この手順を踏むことで、欠けていた最後の1つを手に入れられ、その**パズルのピースがバチッとハマる**ような感覚を聴き手に持たせることができるのです。

なお、この欠如をアピールする3ステップを進めるコツは、**急がない、慌てないこと**です。聴き手をじっくり焦らす感じにすると、より効果的です。

即効フレーズ

- 「実は全部で◯つあるうちのまだ△つしかあなたにはお伝えしていませんでした」（ステップ１）
- 「ですので、今からその最後の１つをお伝えします」（ステップ２）
- 「その１つというのが、……」（ステップ３）

即効フレーズ

- 「実は、あなたが知っている◯◯は、全部で□個ある中の△個だけなのです」（ステップ１）
- 「残りの◇個はまだ知らないはずなので、これからお伝えします」（ステップ２）
- 「不足」を埋める情報や知識を伝える（ステップ３）

真面目で勉強家ほど「欠如」に弱い

先にもお話ししたように、この「欠如アピールの型」は、パズルの最後の1ピースを埋める瞬間に似た快感を聴き手に与えることができます。

単にパズルのピースを1つ与えるよりも、そのパズルのピースが「最後の1つ」であるということを、あらかじめ聴き手に理解させておくことで大きな効果を発揮します。**そのピースの価値が跳ね上がって、そのピースをはめた瞬間に聴き手のワクワク感はピークに達する**のです。

なお、この型は、「揃えたい」というある種の**コンプリート願望が強い聴き手**ほど、より大きな効果を発揮します。

たとえば、勉強や自己投資のためにと、新刊を中心にたくさん本を買って、積読してしまう方。こういった方は、新しい本が出たら、「その情報は自分にとって知らないもののはずだ。手に入れておかないとマズい！」と思ってとにかく本を買ってしまう。特にシリーズものだと買い揃えておかないと、なんだか落ち着かない。そういった真面目で勉強家の方ほどコンプリート願望が強く、この「欠如アピールの型」は効きます。

つまり、「欠如アピールの型」は、表現によっては、「恐怖訴求」のテクニックとも捉えられます。「恐怖訴求」とは、不安や恐怖を刺激して聴き手の関心を引いた上で、その軽減策や解決策を提示するものです。

たとえば、情報商材系のビジネスの営業トークを例にしましょう。

「今のままであれば成功を掴むことは決してできません。なぜなら、皆さんにはまだ足りないものがあるからです。そして、皆さんが成功するために足りない残りのものすべては、この教材の中に揃えてあります」

このように、「足りていないものがあるから成功できない↓足りていないものは自分（話し手）がすべて持っている↓だからそれを買ってください」というロジックで、聴き手の購買意欲を高めるのです。

この型は「足りていない」ことに対する恐怖心を意図的に煽ることができるわけです。そのため、場合によっては、聴き手は冷静な判断ができなくなることもあります。

だからこそ、**この型は悪用厳禁**です。

ここでお伝えしたいのは、この型を使って煽ることの是非ではなく、たとえ煽ったとしても、**煽動した先に、聴き手にとって役立つネタが用意されているかどうか**が大事だということです。

聴き手のためになるネタがないのなら、相手からお金を巻き上げるだけのセミナーや悪徳サイトのようになってしまうからです。

即効フレーズ

・「○○が足りていないから、□□ができないのです。その○○を私はお伝えすることができます」

「目に見える空欄」でさらに効果大

なお、「欠如アピールの型」は**ビジュアル化して使う**こともできます。

どう使うかというと、何らかのビジュアルの中に意図的に「空欄（空所）」をつくって、**聴き手に視覚的な「欠如」をアピール**するのです。

企業研修で創造力を高めるために「サイエンス思考法」というものを説明することを例にしましょう。創造力を高めるために必要な思考法は、アート思考、デザイン思考、テクノロジー思考（エンジニアリング思考）、そしてサイエンス思考の4つだといわれています。サイエンス思考以外の3つの思考法については、聴き手がすでに見聞きしたことがあるという前提で説明します。その際に、

「創造力を高めるための起点となる思考法は、サイエンス思考というものです」

と、この情報をそのまま話しても、聴き手に興味を持ってもらうのは難しいでしょう。

そのため、ホワイトボードやスライドを使って、図13－1のように、情報に欠如をつ

[図13－1]

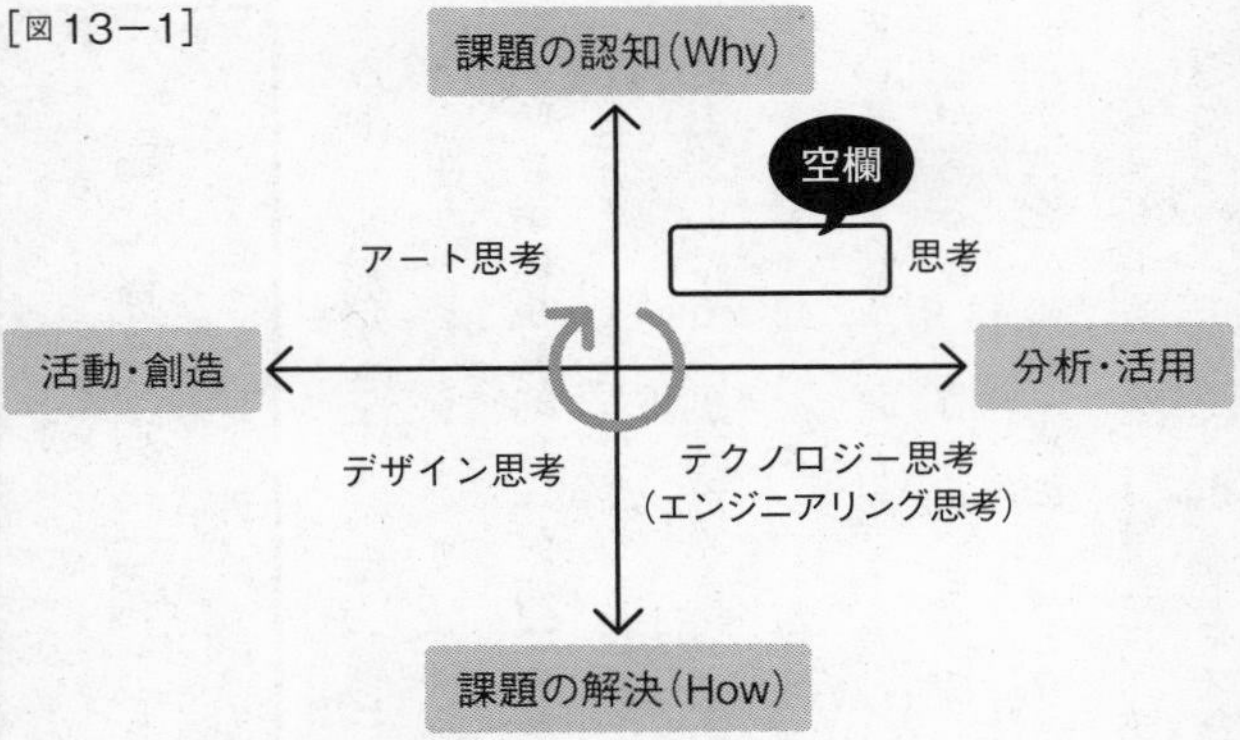

出所:マサチューセッツ工科大学メディアラボ(MIT Media Lab)
Neri Oxman(2018)を元に筆者が作成

くるのです。

「さて、この空欄に当てはまる、創造力を高める起点となる思考法は何というものでしょうか?」

こう問いかけたほうが、聴き手の興味・関心を引くことができます。

「すでに皆さんがご存じのアート思考、デザイン思考、テクノロジー思考の3つの思考法の起点となる思考法です」

このようなコメントもつけ加えながら、

聴き手のコンプリート願望を刺激するのです。ダメ押しとして、「対比の型」を用いて、

「他の3つの思考法が注目されたのはごく最近ですが、サイエンス思考が思考スキルとして注目を浴びたのは古代ギリシャの時代からであり、およそ3000年もの歴史があります。

つまり、それだけ研ぎ澄まされた思考法であり、アリストテレスやアインシュタインをはじめ、歴史に名を刻んでいる〝知の巨人〟たちはこぞってサイエンス思考を身につけていたのです」

こうたたみかけることで、聴き手の知りたい欲求を最大限にすることができます。

情報や知識をダラダラと説明しても、聴き手はすぐに飽きてしまいます。だからこそ、あえてわざわざ「欠如」をアピールすることで、聴き手に「そこを埋めたい」という気持ちを起こさせるのです。

巻末資料

よい説明「11の型」即効フレーズ集

第1の型　メリット訴求

聴き手を前のめりにさせる特効薬

効果的な状況 ➡ 営業、会議、プレゼン、日常生活

ステップ1 **聴き手の問題点をあぶり出し、メリットの存在に気づかせる**

☑「○○で困っていないでしょうか？　この問題を解決したら□□になれるんです」

▼

ステップ2 **成功事例を紹介し、聴き手の頭の中に絵を描かせる**

☑「実際に、○○を解決した人（企業）は、短期間で□□になることができました」

▼

ステップ3 **自分がそのメリットを提示できる理由を伝える**

☑「私自身、これまで長年、○○の解決のサポートをしてきました」

▼

ステップ4 **メリットを享受できる具体的なステップを説明する**

☑「その経験を通じてわかったことは、どのような人（企業）でも、必ず、この××（ステップ）の順に進めていくことで□□になれるということです」

第2の型 対比

理解度の大幅アップ

効果的な状況 ➡ 会議、自己紹介、面接、プレゼン、日常生活

- ☑「これは○○（数値）なのですが、平均は□□（数値）となります」
- ☑「このチームの平均売上げは□□だが、今期のあなたの売上げは○○にも上ったよ」
- ☑「業界平均は□□（数値）なのですが、弊社は○○（数値）となります」
- ☑「○○でも、□□」
- ☑「○○なのに、□□」
- ☑「○○だったのに、今は□□」
- ☑「○○の中から選び抜いた□□です」
- ☑「○○ほどある中から選び抜いた1つです」
- ☑「全部で○○ページにもわたる骨太な本ですが、その中でもっとも役に立つ情報に絞って紹介します」
- ☑「実際にお伝えすると○時間もかかるのですが、重要なポイントを□個だけ抜き出してお話しします」
- ☑「○○（仮想敵）には 絶対に負けません！」
- ☑「○○（仮想敵）は、絶対に倒します！」
- ☑「○○（仮想敵）をなくすことが、私の目指すゴールです」

第3の型 因果

腹落ちさせて納得感アップ

効果的な状況 ➡ 会議、プレゼン、日常生活

- ☑「結果は、○○でした。その原因は、……」
- ☑「結果としては、○○です。その原因なのですが、……」
- ☑「○○というのが結果です。原因として考えられるのは、……」
- ☑「実は、○○の本当の原因は、……」
- ☑「○○の原因の正体は、……」
- ☑「□□って、○○が本当の原因なんです」
- ☑「○○と△△は因果関係にはなく、実は□□が両方の真の原因だったんです」
- ☑「○○と△△には、真の原因として□□があったんです」
- ☑「実は、○○で□□が引き起こされていたのではなく、□□のほうが○○を引き起こしていた原因だったのです」

第4の型　カットダウン

聴き手の負担軽減

効果的な状況 ➡ 会議、営業、日常生活、自己紹介

- ☑「○○を一言でいうとね、……」
- ☑「一言で○○を説明するとしたら、……」
- ☑「この○○を一文で表現するとしたら、……」
- ☑「今日は、時間が限られていますので、皆さんに伝えたいことを1個に絞ってきました」
- ☑「本当はすべてお伝えしたいのですが、時間の都合上、今の皆さんにとってベストなものを1つに絞ってお伝えします」
- ☑「要するにね、……」
- ☑「まとめると、……」
- ☑「一番伝えたいことは、……」
- ☑「結論からいうと、……」
- ☑「結局のところ、……」
- ☑「リンゴやバナナ」→「果物」
- ☑「これまでの話を一言でまとめますと、……」
- ☑「これまでにお話しした○個のノウハウを1つにまとめると、結局、××だけすればいいということになります」

第5の型　破壊

説明による「理解のショック療法」

効果的な状況 ➡ 営業、プレゼン、会議

スクラップ

- ☑「これまでは○○と思われていたのですが、実は……」
- ☑「そもそも、……」
- ☑「実はその前提が間違っていて、……」
- ☑「一般的には○○と考えられているのですが、……」
- ☑「普通、○○だと思いませんか？　でも実際には、……」
- ☑「確かに○○と思われるのもわかります。しかし、……」
- ☑「そう思うのも当然です。その上でなのですが、……」

ビルド

- ☑「なぜなら、……」
- ☑「どうしてかというと、……」
- ☑「事実、○○ということがあったからなんです」

第6の型　ニュース

食いつき度アップ

効果的な状況 ➡ 会議、プレゼン（の冒頭）

- ☑「先週、〇〇があったのですが、……」
- ☑「今日、ここに来るときに、〇〇なことがあったのですが、……」
- ☑「最新の研究では、……」
- ☑「今朝のテレビニュースで〇〇（メインメッセージの具体例）を観たのですが、……（そのままメインメッセージにつなげる）」
- ☑「実は、この〇〇については、つい先月、アメリカの□□大学の研究機関で実証されたのです」
- ☑「今朝のＴＶニュースで〇〇（メインメッセージの抽象化につながる）を観たのですが、これは、△△（抽象化）という点で、□□（メインメッセージ）と同じなんです」

第7の型　希少性

「知りたい欲求」の創出

効果的な状況 ➡ 営業、面接、日常生活

- ☑「ここだけの話ですが、……」
- ☑「まだ表に出ていない話なのですが、……」
- ☑「ほんの一握りの人しか知らないことなのですが、……」
- ☑「日本人の0.3%程度しか知らないことなのですが、……」
- ☑「自社でも片手で数えられる人しか知らないことなんですが、……」
- ☑「これからする話はまだ広まるとまずいので、他言無用でお願いします」
- ☑「情報解禁になるまでここだけの話にしておいてくださいね」
- ☑「○○を知っている方、手を挙げていただいてもいいですか？」
- ☑「○○を一度でも耳にしたことがあるという方、いらっしゃいますか？」
- ☑「私たちの仕事では当たり前のことではあるのですが、……」
- ☑「業界外の人はあまり知らない話なのですが、……」
- ☑「私たちの業界では珍しいことではないのですが、他業界の人にお話しすると、とても喜んでいただけるノウハウがあるのです。そのノウハウというのが、……」
- ☑「これまでは一般公開してきた話なのですが、今後は一般公開をやめて、一部の人にしかお話ししないつもりです」

第8の型 伏線回収

聴きたくなる罠を仕掛ける

効果的な状況 ➡ プレゼン、営業、日常生活

伏線

- ☑「この部分、“あれ？”と思ってしまうのではないでしょうか？」
- ☑「今の私の説明、スッキリしないでしょ？　何か引っ掛かると思います」
- ☑「これはまた後ほど出てくる話なので、詳しくはそのときにしっかりわかるはずです」
- ☑「この部分、モヤモヤして当たり前のところです。ただ、あとで必ずスッキリします」

回収

- ☑「先ほど、“あとで出てきます”とお伝えした内容を今から説明します」
- ☑「この○○、先ほど感じた疑問を解消できるはずです」
- ☑「これからお話しする○○こそが、先ほどあなたが感じた違和感の正体なのです」
- ☑「○○には、涙なしでは語れないエピソードがあります。これは後ほど□□でお伝えします」
- ☑「ここには、ある驚愕の事実が潜んでいたのです。これは後ほどわかります」
- ☑「つい先ほど、あとでお話しするとお伝えした○○なエピソードですが、この□□と大きく関わっています。そのエピソードとは、……」
- ☑「冒頭で、後ほど紹介するといっていた○○に関するエピソードは、この□□に深いつながりがあるのです。そのエピソードとは、……」
- ☑「冒頭でお話しした○○のエピソードが、これからお話しする□□に関わっています」
- ☑「2つ目に紹介した○○が、これからお伝えする本日のメインテーマに大きく関係します」

第9の型 決断誘導

聴き手の決断をコントロール

効果的な状況 ➡ 会議、プレゼン、日常生活

- ☑「○○でしたら、この中から選んでいただくといいと思います」
- ☑「○○の相談をさせていただきたく、具体的には、……」
- ☑「○○であれば、□□できそうだけれど、△△は難しいと思うよ」
- ☑「○○を基準に説明しましょうか？」
- ☑「お値段の順に、○○、□□、△△となっていますが、どれにしますか？」
- ☑「難易度レベルは、○○、□□、△△の順です。いずれにしますか？」
- ☑「皆さま、真ん中の○○を選ぶことが多いです」
- ☑「この○○が、一番人気です」
- ☑「最後に紹介した○○がイチ推しです」
- ☑「最後の○○が一番おすすめです」
- ☑「この流れに沿って、他の選択肢を消去法で消していくと、……」
- ☑「これらの選択肢を、○○という前提で消去していくと、……」
- ☑「これらの選択肢は○○という理由で避けていくと、……」

決断者が別の場合

- ☑「この説明資料をそのまま○○さん（決断者）に送ってください」
- ☑「このメールのこの部分をコピペして○○さん（決断者）に送ってください」
- ☑「この内容をそのままお伝えいただいたほうが、○○さん（決断者）には伝わりやすいかと思います」

第10の型 自己主張

論破せずに「自分」を通す

効果的な状況 ➡ 会議、自己紹介、面接、日常生活

まずは「イエス」を伝える

☑「ご意見、ごもっともです」
☑「確かにそうですね」
☑「よくわかります」
☑「素晴らしいアイデアですね！」
☑「おもしろい！」
☑「それ、本当に大事な考えですよね」
☑「その考え方は、非常に興味深いです」

その後、異なった意見を伝える

☑「○○さんのご意見、確かにおっしゃる通りです。その上で、□□の部分について、△△はどうでしょうか」
☑「○○さんのお考え、すごくよくわかります。それと同時に、私は□□について△△とも思ったんですよね」
☑「新たに出てきた事実として、……」
☑「まだ公にされていない事実なので知らなくて当然のことなのですが、……」
☑「目的は○○ですよね。そのための手段としては、……」
☑「戦略が○○となります。その戦術として、……」
☑「○○が原則です。その原則に則った手法として、……」
☑「方針は○○です。その方針に沿った行動とは、……」

第11の型　欠如アピール

「埋まらないもどかしさ」の解消

効果的な状況 ➡ 会議、プレゼン、営業

ステップ1　「実は全部で○つあるうちのまだ△つしかあなたにはお伝えしていませんでした」

ステップ2　「ですので、今からその最後の1つをお伝えします」

ステップ3　「その1つというのが、……」

ステップ1　「実は、あなたが知っている○○は、全部で□個ある中の△個だけなのです」

ステップ2　「残りの◇個はまだ知らないはずなので、これからお伝えします」

ステップ3　「不足」を埋める情報や知識を伝える

☑ 「○○が足りていないから、□□ができないのです。その○○を私はお伝えすることができます」

おわりに

「これ、誰が説明してくれたことだったっけ？　まっ、いっか」

私の望む聴き手の姿がここにあります。

説明において、私が相手に求めることは、究極的には1つです。それは、その内容を聴き手自身が咀嚼《そしゃく》し、それを保持し続けてもらうことです。説明した私の顔や名前は一切忘れてもらってかまいません。相手が、説明した内容を覚えてくれている、使いこなしてくれていることで、話し手の役割は十二分に達成しています。

「説明とは、人類の知を継承するための究極スキルである」

大げさに聞こえるかもしれませんが、それくらいの想いで、これまで説明スキルというものを磨いてきました。

最後に、本書を手に取ってくださったあなただけに伝えたいことがあります。

たかが「説明」ではありますが、**その先にはもっと大きなものがある**と私は思っています。あなたの持っているものを、目の前の人にしっかり伝え残すことができる――そんなコミュニケーションの手段が「説明」なのです。

あなたの持っている叡智《えいち》を、目の前の大切な人の頭の中にずっと残すことができるのです。そう思うと、**「説明」は、とても素晴らしいコミュニケーション手段**ではないでしょうか。

本書を私が書いたということは忘れていただいてかまいません。ただ、本の内容の一部だけでも覚えておいていただけたら、筆を執ってよかったと心から思えます。あなたの中に何か1つだけでも残すことができたということですから。

「生きることは、残すこと」

そう思いながら、私は日々過ごしています。ヒトは生物である以上、いつかは必ず生命活動を停止します。だからこそ、私自身は、生命活動を行っている限られた時間の中で、誰かに何かを残すコミュニケーションができるというのは一番の生きがいなのです。

この本であなたに何か残したい、その一心でここまで書き上げることができました。

最後までお読みいただき、本当にありがとうございました。
教育を通じて、人類の知が伝承されることを願って。

謝辞

最後になりましたが、ここでお礼の言葉を述べさせてください。本書の文庫化にあたり、多くの方々のお世話になりました。日経BPの酒井圭子さんとエリエス・ブック・コンサルティングの土井英司さんには執筆していく上でさまざまなアイデアをいただきました。本当にありがとうございました。ベストセラーとなった『電通現役戦略プランナーの ヒットをつくる「調べ方」の教科書』（PHP研究所）著者で妻の綾香には、いつも献身的なサポートをしてもらっています。友人の大橋啓人くんと鈴木謙太くん。ありがとう。河合塾講師の成川博康さんにはお世話になりっぱなしで頭が上がりません。いつも背中を押してくれる福岡の両親、埼玉のお義父さんお義母さんにも本当に感謝しています。いつまでも健康で長生きしてください。
そして、本書をお読みくださったあなたに心より感謝申し上げます。
2024年1月吉日
犬塚壮志

参考文献

『学習科学』（波多野誼余夫ほか編著、放送大学教育振興会、2004年）

『学習科学ハンドブック　第二版 第１巻』（R・K・ソーヤー編、森敏昭ほか監訳、北大路書房、2018年）

『学習科学ハンドブック　第二版 第２巻』（R・K・ソーヤー編、大島純ほか監訳、北大路書房、2016年）

『学習科学ハンドブック　第二版 第３巻』（R・K・ソーヤー編、秋田喜代美ほか監訳、北大路書房、2017年）

『新しい時代の教育方法』（田中耕治ほか著、有斐閣アルマ、2012年）

『数学的・科学的リテラシーの心理学』（藤村宣之著、有斐閣、2012年）

『進撃の巨人１』（諫山創著、講談社、2010年）

『ショック・ドクトリン〈上〉〈下〉』（ナオミ・クライン著、幾島幸子、村上由見子訳、岩波書店、2011年）

『読書について 他二篇』（ショウペンハウエル著、斎藤忍随訳、岩波文庫、1983年）

『現代語訳 風姿花伝』（世阿弥著、水野聡訳、PHP 研究所、2005年）

『影響力の武器』（ロバート・B・チャルディーニ著、社会行動研究会訳、誠信書房、1991年）

『頭のいい説明は型で決まる』（犬塚壮志著、PHP 研究所、2018年）

『頭のいい人の対人関係 誰とでも対等な関係を築く交渉術』（犬塚壮志著、サンクチュアリ出版、2022年）

Simonson, I., Tversky, A.. Choice in Context: Tradeoff Contrast and Extremeness Aversion. *Journal of Marketing Research,* 1992, vol. 29, no.3, p. 281-295.

Iyengar, Sheena S. & Mark R. Lepper. (2000), “When Choice is Demotivating: Can One Desire Too Much of a Good Thing?”. *Journal of Personality and Social Psychology,* 79 (6), 995-1006.

本書は2019年8月にPHP研究所から発行した『感動する説明「すぐできる」型』を文庫化にあたって大幅加筆、再構成、改題したものです。

日経ビジネス人文庫

「よい説明《せつめい》」には型《かた》がある。

2024年2月1日　第1刷発行
2024年3月7日　第2刷

著者
犬塚壮志
いぬつか・まさし

発行者
國分正哉

発行
株式会社日経BP
日本経済新聞出版

発売
株式会社日経BPマーケティング
〒105-8308 東京都港区虎ノ門4-3-12

ブックデザイン
井上新八

本文DTP
ホリウチミホ（nixinc）

印刷・製本
中央精版印刷

Printed in Japan　ISBN978-4-296-11938-7

本書籍に関するお問い合わせ、ご連絡は下記にて承ります。
https://nkbp.jp/booksQA